PETIT GUIDE DE L'ÉTUDIANT EN DROIT

PETIT GUIDE DE L'ÉTUDIANT EN DROIT

2019-2020

LexisNexis

LexisNexis SA
141, rue de Javel – 75015 Paris

Avertissement de l'Éditeur

Toute utilisation ou traitement automatisé, par des tiers, de données personnelles pouvant figurer dans cet ouvrage sont formellement interdits.

DANGER

LE PHOTOCOPILLAGE TUE LE LIVRE

Le logo qui figure sur la couverture de ce livre mérite une explication. Son objet est d'alerter le lecteur sur la menace que représente pour l'avenir de l'écrit, tout particulièrement dans les domaines du droit, d'économie et de la gestion, le développement massif du photocopillage.

Le Code de la propriété intellectuelle du 1er juillet 1992 interdit en effet expressément la photocopie à usage collectif sans autorisation des ayants droit. Or, cette pratique s'est généralisée dans les établissements d'enseignement supérieur, provoquant une baisse brutale des achats de livres au point que la possibilité même pour les auteurs de créer des œuvres nouvelles et de les faire éditer correctement soit aujourd'hui menacée.

Siège social : 141, rue de Javel – 75015 Paris

ISBN 978-2-7110-3257-0

ISSN 1284-828X

Édition hors commerce

Crédits

Ce guide est constitué d'extraits tirés d'ouvrages du catalogue LexisNexis :

- Philippe Malinvaud, *Introduction à l'étude du droit*, coll. « Manuel », LexisNexis, 19e éd., juin 2019.
- Christian Atias, *Devenir juriste*, LexisNexis, 2e éd., mai 2014.
- Frédéric-Jérôme Pansier, *Méthodologie du droit*, coll. « Objectif Droit – Méthodologie », LexisNexis, 8e éd., mai 2019.
- Daniel Mainguy, *Introduction générale au droit*, coll. « Objectif Droit – Cours », LexisNexis, 8e éd., mai 2019.
- Pascal Ancel, Olivier Gout et Ingrid Maria, *Travaux dirigés, Introduction au droit et droit civil*, coll. « Objectif Droit – TD », LexisNexis, 4e éd., sept. 2017.
- Sous la direction de Rémy Cabrillac, *Dictionnaire du vocabulaire juridique 2020*, LexisNexis, 11e éd., mai 2019.
- Henri Roland, *Lexique juridique des expressions latines*, LexisNexis, 7e éd., juin 2016.

Sommaire

PREMIÈRE PARTIE

LE MONDE DU DROIT

CHAPITRE 1

QU'EST-CE QUE LE DROIT ?

Présentation

Définir le droit est une première étape essentielle. Elle permettra de mieux appréhender l'ensemble des dimensions que peut regrouper la notion.

Cet extrait est tiré de :

Philippe Malinvaud, *Introduction à l'étude du droit*, coll. « Manuel », LexisNexis, 19e éd., juin 2019.

1. – L'intérêt du droit. Le droit français comprend un nombre considérable de règles qui couvrent les différentes branches de l'activité humaine. Pour des raisons logiques et de facilité, les juristes les regroupent par secteur, en droit civil, droit commercial, droit pénal, droit bancaire, droit des assurances, des transports, du travail, de la sécurité sociale, de la construction, de la propriété intellectuelle, etc.

La connaissance de ces règles est fondamentale pour toute personne dans la mesure où tout citoyen est nécessairement engagé dans la vie économique et sociale et où, à ce titre, il est amené à prendre des décisions. Cette connaissance est évidemment plus nécessaire au chef d'entreprise qu'au chef de famille, encore qu'on puisse être les deux à la fois.

Un couple peut, sans trop de risque se marier ou se « pacser », vivre, avoir des enfants, mourir enfin dans l'ignorance du droit familial, parce qu'il en connaît, de manière intuitive, des données élémentaires suffisantes, d'ailleurs rappelées par l'officier d'état civil lors du mariage, et par son notaire dans la vie courante du couple.

Un chef d'entreprise ou, plus largement, tout professionnel qui agit dans l'ignorance des règles de droit applicables à son activité court à chaque opération un risque d'autant plus grave qu'il en ignore l'existence : par exemple, il risque d'encourir la nullité du contrat passé, d'engager sa responsabilité civile ou pénale, de commettre des erreurs au plan fiscal ou social, etc.

Les considérations juridiques doivent donc intervenir dans la décision de tout professionnel, au même titre que les considérations techniques de production, de commercialisation, etc. Qu'importe par exemple de réaliser un gain de productivité de 5 % si par ailleurs, la méconnaissance du droit, et notamment du droit fiscal, entraîne un surcoût de 20 % ou plus ! Les grandes entreprises en ont tout à fait conscience et nombre d'entre elles, notamment les multinationales et parmi elles les GAFA (Google, Apple, Facebook, Amazone), ne manquent pas de pratiquer ce qu'on appelle pudiquement l'optimisation fiscale, par exemple en basant leurs bénéfices dans les pays où ils sont le plus légèrement taxés ce qui n'a pas manqué d'entraîner des réactions et des poursuites des pays lésés dans lesquels ils réalisent une partie de leurs bénéfices.

2. – La diversité des domaines du droit. Malheureusement, le droit est une matière d'une très grande étendue et en développement constant, au même titre par exemple que la médecine. Et, comme en médecine, il existe des juristes généralistes, et des spécialistes de telle ou telle branche. Ce phénomène de spécialisation se développe de plus en plus dans la mesure où les règles de droit sont de plus en plus nombreuses et complexes.

La connaissance, au moins dans les grandes lignes, de certaines de ces branches est indispensable, ne serait-ce que pour savoir si telle décision à prendre soulève des problèmes juridiques et s'il est utile de consulter un juriste sur les points susceptibles de faire difficulté. Sans tomber dans le travers des Américains qui ne font rien sans l'accord de leurs juristes, tout décideur doit s'entourer des conseils utiles, y compris de ceux des juristes.

Mais, pour accéder à la connaissance de quelque spécialité juridique que ce soit, il faut au préalable posséder un minimum de culture juridique : les notions fondamentales de la matière et la terminologie dans laquelle elle s'exprime. C'est dans le but de donner cette culture juridique de base qu'est conçue la présente introduction[1].

(1) R. Cabrillac (div.), *Qu'est-ce qu'une introduction au droit ?*, Dalloz, Thèmes et commentaires, Actes, 2017.

3. – La langue française dans le droit. Déjà en 1539, l'Ordonnance de Villers-Cotterêts – qui n'a pas été abrogée à ce jour – avait imposé l'usage du français dans les documents de procédure et dans les décisions de justice[2] ; à l'époque, c'était une réaction contre l'usage du latin. Aujourd'hui, l'usage du français est prescrit en France de manière générale dans un souci de protéger la langue contre l'intrusion de langues étrangères ou de mots étrangers.

Désormais, la loi du 25 juin 1992 portant réforme de la Constitution a ajouté à l'article 2 de la Constitution de 1958 un alinéa par lequel il est proclamé que « La langue de la République est le français »[3]. C'est ainsi qu'on a soumis au Conseil constitutionnel la question de savoir si l'accord sur l'application de l'article 65 de la Convention sur la délivrance des brevets européens – qui n'oblige pas à traduire en français l'intégralité du brevet – n'était pas contraire à cet article[4]. Corrélativement, la loi du 4 août 1994 édicte que « langue de la République en vertu de la Constitution, la langue française est un élément fondamental de la personnalité et du patrimoine de la France » et elle pose en règle qu'elle est la « langue de l'enseignement, du travail, des échanges et des services publics »[5]. Cette même loi et ses textes d'application en ont tiré des conséquences en rendant obligatoire l'usage du français dans un grand nombre d'hypothèses, notamment dans les contrats de travail[6] et, dans un souci de protection des consommateurs, « dans la désignation, l'offre, la présentation, le mode d'emploi ou d'utilisation, la descrip-

(2) V. X. Labbée, *François Ier devant le juge de Lille* : *JCP* 2008, act. 144. – Cass. 1re civ., 25 juin 2009 : *Contrats, conc. consom.* 2009, comm. 241, obs. L. Leveneur. – Cass. com., 27 nov. 2012 : *RDC* 2013, 495, obs. C. Pérès.

(3) Tirant de ce principe une première conséquence, le Conseil constitutionnel a décidé que les dispositions de la Charte européenne des langues régionales ou minoritaires étaient contraires à l'article 2 de la Constitution « en ce qu'elles tendent à reconnaître un droit à pratiquer une langue autre que le français non seulement dans la vie privée mais également dans la vie publique, à laquelle la charte rattache la justice et les autorités administratives et services publics ».

(4) Cons. const., 28 sept. 2006 (qui a admis la compatibilité) : *D.* 2007, p. 120, note M. Verpeaux ; et p. 1919, note J. Foyer.

(5) F.-X. Testu, *Le statut juridique de la langue française* : *Mél. Cornu*, PUF, 1994, p. 441.

(6) Mais la jurisprudence y a fait exception pour les manuels aéronautiques, l'utilisation d'une langue technique commune, en l'occurrence l'anglais, s'imposant en la matière pour des raisons de sécurité et de compatibilité avec les pratiques internationales : Cass. soc., 12 juin 2012 : *JCP* 2012, 797, obs. D. Corrignan-Carsin ; *D.* 2012, 1681.

tion de l'étendue et des conditions de garantie d'un bien, d'un produit ou d'un service, ainsi que dans les factures et quittances (...) »[7].

De même, avait été introduite dans certains contrats, notamment de construction, la clause dite « Molière », imaginée par la Mairie d'Angoulême, imposant l'usage du français ou la présence d'un interprète français lors de l'exécution de marchés publics. Cette clause, présentée comme un instrument de protection des travailleurs non francophones, était aussi et surtout un instrument de lutte contre le travail détaché de travailleurs étrangers. À ce titre, elle a été jugée illégale[8].

Nombre de ces dispositions, qui tendaient à la défense de la langue française, sont apparues comme une entrave à la libre circulation des marchandises imposée par le droit de l'Union européenne et, à ce titre, ont encouru les foudres de la Cour de justice de l'Union européenne. Cela dit, les règles européennes autorisent des dérogations lorsqu'elles sont justifiées « par des raisons de moralité publique, d'ordre public, de sécurité publique, de protection de la santé et de la vie des personnes et des animaux ». C'est ainsi que désormais, l'article R. 412-7 du Code de la consommation prévoit que : « En application de l'article 15 du règlement (UE) n° 1169/2011 du Parlement du 25 octobre 2011 modifié concernant l'information des consommateurs sur les denrées alimentaires, les mentions d'étiquetage commercialisées sur le territoire national sont rédigées en langue française ». La question se pose aujourd'hui de savoir s'il est possible d'enseigner pour partie en anglais dans les universités françaises.

4. – Le langage du droit. Le droit français s'exprime en français mais, comme pour toute matière technique, le vocabulaire juridique comprend de nombreux mots ou expressions[9] qui ne peuvent être aisément compris par les profanes. Ainsi se plaît-on généralement à dénoncer le caractère désuet, archaïque et finalement obscur du langage juridique.

(7) J. Julien, *La langue française et le contrat : Mél. Ph. Le Tourneau*, Dalloz, 2007, p. 465. On notera toutefois qu'un avis de la Commission des pratiques commerciales (CEPC) n° 16-10 du 12 mai 2016 a admis qu'un contrat passé entre deux sociétés françaises pouvait être rédigé en anglais, ce qui va à l'encontre de l'article 2 de la Constitution de 1958 (RTD civ. 2016, 622, obs. H. Barbier).
(8) CE, 4 déc. 2017, n° 413336, *Lebon*. – Cass. 2e civ., 14 déc. 2017 : *D.* 2018, 71 et *RTD civ.* 2018, 385, obs. H. Barbier.
(9) H. Roland, *Dictionnaire des expressions juridiques*, LexisNexis, 4e éd., 2018.

Sans être négligées, ces critiques doivent être relativisées. Certes, il convient de pourchasser les archaïsmes là où ils se manifestent, c'est-à-dire principalement dans les décisions de justice ; plusieurs circulaires ont ainsi tendu à réaliser une certaine modernisation du langage judiciaire. De même, il a été mis en place une Commission de terminologie et de néologie dont les travaux ont tendu à rendre le langage et la terminologie juridiques plus accessibles. Quant à la loi, elle doit être aussi claire que possible afin d'être bien comprise de ceux auxquels elle s'applique.

Mais l'exercice a des limites dans la mesure où le droit comporte nécessairement des notions, des institutions et des classifications qui n'ont pas de correspondant dans le langage courant. Ainsi qualifie-t-on parfois la langue juridique de savante par opposition à la langue profane. Il en va du droit comme de la médecine où les nerfs, les vaisseaux, les viscères ont tous des noms spécifiques ; et de même les maladies. Face au patient qui se plaint d'avoir mal au ventre, le médecin doit faire un diagnostic entre une multiplicité d'affections possibles dont certaines portent des noms incompréhensibles pour le profane.

Au même titre que la médecine a sa langue, il y a un langage du droit[10]. De même que le médecin explique à son patient la nature de son affection, de même il appartient à l'avocat, au notaire ou, plus généralement au juriste d'expliquer à son client le sens de tel mot ou de telle expression employée dans une décision de justice ou dans un contrat.

Par ailleurs, le langage juridique s'exprime dans un certain style[11], qu'on retrouve plus particulièrement dans les décisions de justice, notamment dans celles qui émanent des plus hautes juridictions, la Cour de cassation, le Conseil d'État et le Conseil constitutionnel[12].

(10) A.B. Caire, *La magie du verbe juridique. Réflexions sur la force du langage du droit*, *RTD civ.* 2017, 321.

(11) H. Batiffol, *Observations sur la spécificité du vocabulaire juridique : Mél. Marty*, 1979, p. 35. – J.-L. Sourioux et P. Lerat, *Le langage du droit*, PUF, 1975. – J.-L. Sourioux, *Pour l'apprentissage du langage du droit : RTD civ.* 1999, p. 343. – Ph. Jestaz, *Le langage et la force contraignante du droit*, in *Autour du droit civil. Écrits dispersés. Idées convergentes*, Dalloz, 2005, p. 31. – J.-L. Sourioux, *Y a-t-il lieu de distinguer le langage du droit et le langage juridique : Mél. Malinvaud*, Litec, 2007, p. 577. – S. Akhouad-Barriga, *Réflexions sur le langage juridique et ses petits exercices d'application au droit de l'arbitrage : RTD civ.* 2015, 785.

(12) Ph. Malaurie, *Le style des « Cours suprêmes » françaises : JCP* 2012, 689. On notera à cet égard que Laurent Fabius, président du Conseil constitutionnel, a rénové le style des décisions de cette institution.

À cet égard on notera qu'en 2018 ces trois juridictions ont rénové le style de leurs décisions, notamment en abandonnant la formule classique de présentation « *Attendu que...* » et « *Considérant que...* »[13].

5. – La terminologie juridique. Les mots du droit sont recensés dans des dictionnaires juridiques[14] qui expliquent le sens ou les sens de chaque mot, y compris en droit de l'Union européenne[15] ; on les trouve parfois également dans les dictionnaires classiques. En pratique, ils soulèvent des difficultés variables.

Les uns sont des mots tout à fait spécifiques, d'origine grecque ou latine, dont le profane ignore le sens. Ainsi parlera-t-on d'un contrat synallagmatique (c'est-à-dire comportant des obligations réciproques), d'un créancier chirographaire (c'est-à-dire dépourvu de garanties), de l'usucapion (acquisition d'un droit par l'écoulement d'un certain délai), du bail emphytéotique (bail de plus de dix-huit ans, soumis à des règles particulières), etc.

Les autres sont beaucoup plus trompeurs en ce qu'ils existent dans le langage courant et dans la langue juridique, mais avec des sens différents. Ce sont de faux amis pour les non-juristes. Ainsi en est-il de la lésion, de la cause[16], de la nullité, etc.

Tous ces mots ne sauraient être remplacés par des mots du langage courant. Il faut donc accepter l'idée que, quels que soient les efforts faits ou à faire pour rendre la langue du droit intelligible à tous, subsisteront toujours des difficultés de compréhension pour le profane, ce qui appelle et justifie l'intervention du juriste.

Les juristes eux-mêmes se trouvent confrontés à cette difficulté lorsqu'ils essaient de traduire un texte de droit français en une langue étrangère, ou réci-

(13) M.-C. de Montecler, *Adieu Considérant, le juge administratif passe au style direct* : AJDA 2018, 2420.

(14) Le dictionnaire juridique le plus complet est le *Vocabulaire juridique* publié par le doyen G. Cornu sous l'égide de l'Association Henri Capitant (PUF, coll. « Grands dictionnaires », 8e éd., 2000 ; et coll. « Quadrige », 12e éd., mise à jour). – Il a été traduit en anglais : A. Levasseur et M.-E. Laporte-Legeais (ss dir.), *Dictionary of the Civil Code*, LexisNexis, 2014. – V. aussi, S. Guinchard et T. Debard, *Lexique des termes juridiques*, Dalloz, 25e éd., 2017. – R. Cabrillac (ss dir.), *Dictionnaire du vocabulaire juridique 2020*, LexisNexis, 11e éd., 2019.

(15) M.-C. Boutard-Labarde, *Propos communautaires autour de deux mots : vocabulaire juridique et définition : Mél. G. Cornu*, p. 25.

(16) Notion abandonnée dans la réforme du droit des obligations.

proquement[17]. Il existe en effet un lien étroit entre la langue et le droit[18] ; chaque système de droit possède son propre langage et certaines notions n'ont pas leur exact correspondant dans un autre système. La difficulté est la même lorsque le législateur européen se propose d'harmoniser le droit dans les différents pays de l'Union européenne[19] ; pour tourner la difficulté, on utilisera souvent des mots du langage courant, mais ce avec un risque important d'imprécision et, par là même, d'interprétation différente suivant les pays[20]. Bien évidemment, la difficulté est encore plus grande lorsque le texte est rédigé en plusieurs langues[21].

On en a un bel exemple avec le mot même de droit pour lequel le *Vocabulaire juridique* (Association Capitant, 12e éd., ss dir. G. Cornu) retient huit sens. On se contentera des deux principaux qui permettent d'avancer dans la définition du droit : on oppose en effet traditionnellement le Droit objectif aux droits subjectifs ; le premier s'écrit avec une majuscule, les seconds avec une minuscule.

6. – Le droit au sens de Droit objectif. Dans ce premier sens, le Droit est un ensemble de règles régissant les relations de personnes vivant en société, et sanctionnées par une contrainte émanant de l'autorité publique. On parlera

(17) O. Moréteau, *Les frontières de la langue et du droit : vers une méthodologie de la traduction juridique : RID comp.* 2009, p. 695. – M. Cornu et M. Moreau (ss dir.), *Traduction du droit et droit de la traduction*, Dalloz, coll. « Thèmes et commentaires », Actes, 2011. – S. Glanert, *De la traductibilité du droit*, Dalloz, 2011. – S. Monjean-Decaudin, *La traduction du droit dans la procédure judiciaire. Contribution à l'étude de la linguistique juridique*, thèse Paris Ouest, Malaga, 2010. – G. Lardeux, *Terminologie et traduction des législations relatives au droit des contrats. L'exemple du BGB : RID comp.* 2012, 817.

(18) S. Glanert, *La langue en héritage : réflexions sur l'uniformisation des droits en Europe : RID comp.* 2006, p. 1231. – A. Levasseur, *Les maux des mots en droit comparé. L'avant-projet de réforme du droit des obligations en anglais : RID comp.* 2008, p. 819.

(19) G. Ajani et M. Ebers (ss dir.), *Uniform Terminology for European Contract Law*, éd. Nomos, Baden-Baden, 2005. – A. S. Choné-Grimaldi, *Les maux de la traduction : nouvelles illustrations avec la directive ECN+ : D.* 2019, 544. – V. aussi *Projet de cadre commun de référence, Terminologie contractuelle commune*, SLC, 2008. – A. Tenenbaum, *Droit européen des contrats : mythe ou réalité ? L'enjeu et les difficultés d'une terminologie commune : RID comp.* 2009, p. 177.

(20) P. Richard, *Les apports de Wittgenstein à la réflexion comparative : RID comp.*. 2005, p. 899. – P. Catala (ss dir.), *L'art de la traduction. L'accueil international de l'avant-projet de réforme du droit des obligations*, éd. Panthéon-Assas, 2011.

(21) D. Lamèthe et O. Moréteau, *L'interprétation des textes juridiques rédigés dans plus d'une langue : RID comp.* 2006, p. 327. – J.-J. Sueur (ss dir.), *Interpréter et traduire*, éd. Bruylant, 2007.

ainsi du droit du commerce, du droit du travail, et plus largement du droit français, du droit de l'Union européenne, etc.

Le droit est donc une règle de vie, une norme obligatoire pour tous correspondant à une certaine structure de la société qui s'y trouve soumise. C'est le reflet de la société à un moment donné et, dans un souci de prospective, certains auteurs ont pu se demander « Où va le droit ?[22] ». Cette adéquation du droit à la structure sociale explique :

– d'une part, qu'il y ait un seul système juridique en France ; c'est le principe de l'unité de législation, qui subit toutefois quelques exceptions (par ex., pour l'Alsace-Moselle) ;

– d'autre part, qu'il y ait autant de systèmes juridiques que de pays, ce qui n'exclut pas entre les diverses législations des points communs soit spontanés, soit voulus dans une perspective concertée d'harmonisation ou d'unification du droit.

À cet égard, on notera que l'Union européenne édicte des règles de droit applicables à l'ensemble des pays qui la composent ; par là même, elle est un facteur de rapprochement des droits des différents pays européens et donc, à plus ou moins long terme, un facteur d'unification.

Le Droit apparaît comme une règle du jeu de la vie en société, conçue à l'échelle nationale ou même européenne dans certains domaines ; il poursuit un but de paix sociale qui sera obtenu si la règle est bien adaptée à la situation à régir et si elle n'est pas transgressée. Finalement, le Droit objectif d'un pays est constitué par l'ensemble des règles de droit qui s'y appliquent ; en ce premier sens Droit objectif et règles de droit sont synonymes.

Mais, ainsi qu'on le verra plus loin, les règles de droit peuvent venir de sources diverses, et pas seulement de la loi. Il s'ensuit que, si toute loi est une règle de droit, l'inverse n'est pas exact.

7. – Le droit au sens de droits subjectifs. Constitue un droit subjectif toute faculté ou prérogative individuelle reconnue et sanctionnée par une contrainte émanant de l'autorité publique, qui permet à son titulaire de faire, d'exiger ou d'interdire quelque chose. En bref, parmi les règles de droit constituant le Droit

(22) J. Commaille, *Où va le droit ?, Repenser la légalité* : *JCP* 218, 753.- R. Libchaber, *Où va le droit ? Là où la société le conduira* : *JCP* 2018, 813.

objectif, certaines ont pour objet ou pour effet d'ouvrir des prérogatives aux particuliers : par exemple, le droit pour un créancier d'exiger paiement de son débiteur ; le droit pour un inventeur d'exploiter son brevet ; le droit à indemnité de la victime d'un accident de la circulation, etc.

En ce sens, on peut dire que les droits subjectifs découlent de l'application du Droit objectif. Mais il faut immédiatement préciser que le Droit objectif n'a pas pour seul but de créer des droits subjectifs aux individus ; si, parmi les règles de droit, certaines ont effectivement cet objet, d'autres se bornent à imposer des comportements ou des devoirs pour des motifs d'intérêt général : par exemple, les règles relatives à l'organisation des tribunaux, des syndicats, des Bourses des valeurs, etc.

CHAPITRE 2

LES MÉTIERS DU DROIT

Présentation

Devenir juriste peut amener à exercer des fonctions biens différentes mais c'est bien l'exercice du droit qui relie magistrats, avocats, huissiers, notaires ou encore juristes d'entreprise.

Cet extrait est tiré de :

Christian Atias, *Devenir juriste*, LexisNexis, 2e éd., mai 2014.

SECTION 1

LA DIVERSITÉ DES FONCTIONS

8. – Les juristes occupent dans la société des positions diverses. Entre le juge, l'avocat, le notaire, l'huissier, le magistrat du parquet – le ministère public qui représente en général l'État et l'intérêt collectif[1] –, le juriste d'entreprise, le greffier[2], les différences sont considérables. Chacun est d'ailleurs souvent jaloux de sa position qu'il tient pour plus importante ou plus proprement juridique que celle des autres.

Ils ont en commun de devoir susciter une certaine confiance pour pouvoir remplir correctement leurs fonctions. Le juge doit imposer sa décision ; le pouvoir qu'il tient de la loi n'y suffirait pas s'il ne la motivait pas, mais aussi s'il n'était

(1) « Agent du pouvoir exécutif auprès des tribunaux » (L. 16-24 août 1790). Le procureur général près la cour d'appel « requiert l'application de la loi » et assure l'exécution des décisions ; il peut requérir directement la force publique (CPP, art. 31, 32, 35).
(2) D. n° 67-1044, 30 nov. 1967 ; il y a 6 395 greffiers et greffiers en chef des services judiciaires.

doté d'une autorité qui est fondée notamment sur la confiance dans son impartialité. L'une des parties peut invoquer sa « suspicion légitime » et « le juge qui suppose en sa personne une cause de récusation ou estime en conscience devoir s'abstenir se fait remplacer... »[3]. Le notaire ne peut remplir son office s'il a perdu la confiance des parties qui le suspectent de trahir la vérité, de donner l'authenticité à des actes mensongers. L'avocat qui défend les intérêts d'autrui ne peut y parvenir si celui qui les lui confie doute de sa compétence ou de son intégrité ; il ne le peut pas davantage s'il n'a pas une certaine confiance dans les informations qui lui sont fournies.

En France, il y a relativement moins d'avocats (79,6 pour 100 000 habitants) que dans les autres pays européens. En revanche, il y a davantage de notaires (14,1 contre 7,3 pour 100 000) et de juges professionnels (10,7 contre 21,3 pour 100 000)[4].

§ 1. – Les fonctions des juges

9. – Les différents juges occupent des positions et exercent des fonctions variables. Le plus souvent, ils sont nommés par l'État ; ils peuvent être élus (juges des tribunaux de commerce, dits consulaires). Les premiers sont situés dans une hiérarchie ; ils en gravissent les échelons au cours de leur carrière.

Le juge d'instruction et le juge de l'application des peines exécutent des tâches bien différentes. Leur rôle est difficilement comparable à celui du juge qui compose une juridiction civile.

La carrière des juges n'est pas seulement d'ordre hiérarchique. Les uns changent totalement d'activités et de spécialités. Les autres demeurent durable-

(3) CPC, art. 339. – V. aussi CPC, art. 341 (causes de récusation, parmi lesquelles sont très concrètement visées, par exemple, l'amitié du juge pour l'une des parties ou son inimitié) et 356. – Ce qui importe, ce n'est pas la partialité du juge, qui serait démontrée, mais les raisons que peut avoir l'une des parties de douter de son impartialité. – Pour un exemple, V. Cass. com., 5 oct. 2010, n° 09-71.679 : « une apparence de motivation pouvant faire peser un doute légitime sur l'impartialité de la juridiction ».

(4) Rapport 2012 de la Commission européenne pour l'efficacité de la justice sur les systèmes judiciaires européens : données 2010.

ment dans une même chambre d'une même juridiction. Ils deviennent des spécialistes d'un domaine du droit : gare à l'avocat qui se présente devant eux, en ignorant les bases de ce corps de règles !

10. – Les juges exercent des fonctions qui dépendent, dans une certaine mesure, de la position hiérarchique qu'ils occupent. Les juges de première instance sont généralement les premiers à statuer sur le fond du dossier ; ils l'envisagent concrètement, au plus près des faits entre lesquels ils choisissent ceux qui leur paraissent déterminants, ceux qui leur paraissent négligeables, ceux qui peuvent exercer une influence secondaire. À proprement parler, ils ont le sentiment de bénéficier d'une grande liberté ; informés de leur erreur, ils se contenteront souvent de dire : « l'appel est là pour ça ». Les juges d'appel travaillent sur un dossier qui a déjà été défriché ; ils peuvent le considérer d'une façon toute différente. Dans leur arrêt, le droit tient généralement davantage de place. Les juges d'appel savent qu'une juridiction supérieure peut avoir à contrôler leur raisonnement, à le censurer, en leur reprochant d'avoir dénaturé les pièces qui leur étaient soumises, d'avoir méconnu des dispositions légales...

L'impression pourrait naître que certains juges ont arrêté leur opinion dès l'ouverture de l'audience, avant même d'avoir pu prendre connaissance des pièces (actes, documents, plans, attestations, lettres...). Leur rapport qui « ne fait pas connaître l'avis du magistrat »[5] le laisse parfois transparaître. D'autres ont l'esprit ouvert, écoutent et, éventuellement, posent des questions aux avocats. Ils sont attentifs aux arguments développés dans les plaidoiries et paraissent progresser au fur et à mesure dans leur réflexion. En écoutant successivement les avocats des parties, ils discernent une ligne de raisonnement et perçoivent toutes les nuances qu'elle comporte.

11. – Le juge tient sa fonction et ses pouvoirs de la décision qui l'a nommé à ses fonctions. C'est sur son fondement qu'il donne tort ou raison, tort et raison, qu'il dit, qu'il déboute un justiciable ou rejette sa demande, qu'il ordonne, qu'il enjoint, qu'il condamne, qu'il constate, qu'il prononce. Son investiture comme juge l'a doté de la *jurisdictio* et de l'*imperium*.

La *jurisdictio* est la fonction, le devoir de dire le droit dans une espèce déterminée ; elle correspond aux « motifs » que doit, que devrait, comporter toute

(5) CPC, art. 785, al. 2.

décision de justice. L'*imperium* est le pouvoir de mettre fin au litige par une décision qui s'impose[6] ; il a sa place dans la partie finale du jugement ou de l'arrêt, celle qui est désignée sous le nom de « dispositif », et qui vient après la formule « Par ces motifs ». Une décision ne peut être lue correctement sans distinguer ces deux parties. Elle est généralement rédigée en une seule phrase qui commence par un sujet – la juridiction –, se poursuit par des propositions qui indiquent ce dont le juge a tenu compte « attendu que… » ou « considérant que… » ; c'est pour ces motifs que le tribunal ou la cour déclare irrecevable une demande, la juge bien ou mal fondée, la rejette ou l'accueille et ordonne, condamne.

La *jurisdictio* relève d'un savoir. Pour dire le droit, il faut en connaître les règles, les principes, les exigences et s'en inspirer, en suivant les directions qu'ils indiquent. L'*imperium* tient d'une puissance attachée à la qualité dont le juge est investi. Il a reçu pouvoir de débouter, d'ordonner, de condamner ; celui qui a obtenu gain de cause pourra obtenir l'exécution forcée de la décision rendue.

Lorsque les juges prennent une décision, en rendant un jugement – c'est le terme consacré pour les tribunaux – ou un arrêt – terme convenable pour les cours –, ils exercent leur *imperium*. Lorsqu'ils disent le droit en l'espèce pour arrêter et motiver leur position, ils ne prennent pas exactement une décision. Dans la *jurisdictio*, ils mettent en œuvre une règle de droit, après l'avoir retenue comme appropriée, en la transposant, en l'appropriant aux circonstances concrètes, aux faits prouvés qui ont emporté leur conviction.

12. – *Jurisdictio* et *imperium* sont ainsi de natures radicalement différentes. La tendance contemporaine est, pourtant de les associer étroitement, de les mêler, voire de les confondre. Il faut rappeler sans cesse que la justice est rendue au nom du peuple français[7] – c'est la *jurisdictio* –, tandis que l'exécution de la décision est ordonnée par la République[8] – c'est l'*imperium* – ; la nuance est d'importance.

(6) Sur le changement de sens du mot et sur ces liens avec la vérité, V. M. Heidegger, *Parménide*, 1942-1943, Francfort/Main, Vittorio Klostermann, 1982, 1992 ; Paris, Gallimard, 2011, trad. Th. Piel, p. 70 et s., 71, 78, 83 : « L'*imperium* est le territoire fondé sur le commandement et où les autres sont soumis… Un dieu grec n'est jamais un dieu qui commande, mais un dieu qui montre, indique ». Noter la référence aux enseignements chrétiens. – V. aussi L. Husson, *Examen critique des assises doctrinales de la méthode de l'exégèse : RTD civ.* 1976, p. 444.
(7) CPC, art. 454.
(8) CPC, art. 502. – D. n° 47-1047, 12 juin 1947.

13. – La *jurisdictio* est l'office caractéristique du juge ; elle l'est bien davantage que l'*imperium* qui est assez proche des pouvoirs des agents de l'administration.

Dire le droit, c'est en même temps le réaliser, lui donner sens dans une espèce, dans un cas, le faire exister. « Le droit n'existe en quelque sorte que par le cas. Le cas non seulement n'est pas prévu, mais ne peut pas l'être ». L'intervention du juge est donc nécessaire comme un relais entre la règle générale, forme sous laquelle le droit est mis en mémoire, et les circonstances concrètes du litige. « En disant le droit, le *judex* dit toujours *à la fois* que la réalité du cas est dans le droit *et* que son dire fictionne ou figure cet "être" du cas... L'œuvre judiciaire est par essence un *opus incertum* »[9] ; elle se compose de plusieurs couches entremêlées, la relation abrégée des circonstances qui ont donné lieu au litige, telles que le droit les caractérise et les recompose, le rappel – le terme est significatif – de la règle et du sens qui lui est donné.

14. – La *jurisdictio* s'exprime et se manifeste dans les motifs du jugement ou de l'arrêt. Pour le justiciable, il paraît évident que la décision judiciaire doit être motivée ; il veut savoir et comprendre pourquoi il obtient partiellement ou totalement gain de cause et, plus encore, pourquoi il est débouté ou condamné. Les motifs sont également indispensables pour permettre le contrôle des juridictions supérieures, de celles notamment (Cour de cassation, Conseil d'État), qui sont chargées de contrôler la conformité des décisions au droit[10]. Ils ont aussi pour fonction éminente de contraindre le juge à s'interroger sur la qualité de son raisonnement ; s'il ne parvient pas à motiver sa décision, il doit poursuivre sa réflexion. Il a pu se laisser influencer par une impression qui ne peut l'emporter en droit.

15. – Historiquement, l'obligation de motiver les décisions de justice a été conquise de haute lutte. Les juges ont résisté longtemps. À l'époque actuelle, la tendance à se dispenser de motiver est encore très forte[11]. Elle s'appuie sur un

(9) J.-L. Nancy, *Lapsus judicii*, in *L'impératif catégorique*, Paris, Flammarion, coll. « La philosophie en effet », 1983, p. 37, 40, 42, 46.
(10) « Le pourvoi en cassation tend à faire censurer par la Cour de cassation la non-conformité du jugement qu'il attaque aux règles de droit » (CPC, art. 604). – Comp. CJA, art. L. 111-1, 331-1, 821-1.
(11) La Cour de cassation et le Conseil d'État rendent un grand nombre d'arrêts dits de non-admission (du pourvoi) qui ne comportent aucune motivation : V. CJA, art. L. 822-1. – COJ, art. L. 431-1. – CPC, art. 1014.

principe qui lui est, pourtant, étranger, celui du secret des délibérations[12], auquel les magistrats sont fort attachés.

Une ordonnance du 3 août 1374 avait contraint à livrer les motifs de certains jugements seulement. Plusieurs arrêts des cours supérieures d'Ancien Régime – les Parlements – avaient imposé la même obligation. Un règlement de 1738 avait consacré la même règle. Le secret du délibéré l'avait fait reculer au XVIIIe siècle. Après les révolutions du début du XIXe siècle, qui s'étaient faites largement contre les juges, elle parut si importante que les lois des 16-24 août 1790 et du 20 avril 1810 (art. 7) parurent insuffisantes. L'exigence de motivation fut proclamée solennellement dans l'article 208 de la Constitution de l'An VIII. Elle fut enfin consacrée dans l'article 141 du Code de procédure civile (devenu article 455 du code actuel, complété par l'article 458).

Cette succession de consécrations générales est révélatrice. La motivation de leurs décisions a dû être imposée aux juges ; elle ne leur apparaissait sans doute pas indispensable. La *jurisdictio* tend à s'effacer derrière le pouvoir, derrière l'*imperium*, comme si le titre de juge se suffisait à lui-même.

16. – L'*imperium* du juge n'est pas seulement le bras armé de la *jurisdictio*. Il en est le prolongement et en demeure directement tributaire.

Le droit transforme le pouvoir qu'il accorde, consacre, reconnaît et fonde. Par la référence à la raison de droit, ce pouvoir change de nature ; il est commué en une habilitation à la rendre aussi effective que possible. Sans la *jurisdictio*, l'*imperium* dégénère en un simple pouvoir de décision, et perd son sens et sa valeur ; il est dénaturé. La décision gravement erronée pourrait, par conséquent, ne pas être reconnue comme jugement.

17. – Dans l'exercice de sa fonction de *jurisdictio*, le juge est un « tiers impartial et désintéressé ». La distance qui le sépare des intérêts en cause et qu'accroît son savoir de juriste, composé de règles, de notions générales, de traditions, lui permet de rechercher la moins mauvaise solution possible.

(12) CPC, art. 448.

Cette position est particulièrement difficile à tenir[13]. Il ne suffit pas de n'être pas rémunéré par les parties pour être impartial. En tant qu'être humain, le juge est nécessairement engagé pour partie dans le débat qui se développe devant lui. Lorsqu'il juge l'acte d'un médecin, il ne peut oublier aisément qu'il lui arrive d'être malade et qu'il arrive aux siens de l'être ; dans l'appréciation qu'il porte sur l'attitude du médecin, sur sa compétence, sur le sérieux et la prudence avec lesquels il a agi, il est nécessairement influencé par ce qu'il attend lui-même du praticien auquel il confie sa santé ou celle de ses proches. Sa position est la même lorsqu'il juge le constructeur d'une maison, le garagiste, le vendeur de tel ou tel matériel, l'avocat...

18. – La règle de droit accompagne sa réflexion et l'aide à raisonner comme un « tiers impartial et désintéressé ». Elle le guide. En la mettant en œuvre, il s'extrait du litige qui le touche de plus ou moins prêt. Il se prépare à l'envisager comme un cas auquel il va donner une solution susceptible d'être généralisée. Il doit savoir qu'elle ne pourrait l'être puisque, précisément, elle dépend des particularités de l'espèce. Elle le pourrait pourtant, si elle venait à se reproduire à l'identique. Ainsi, le juge est-il « pris entre deux feux ». D'un côté, il doit voir le cas sous tous ses aspects concrets qui le rendent irréductiblement spécial, inédit ; il statue en fait. De l'autre, le juge doit se convaincre que, s'il avait à juger à nouveau la même espèce, il raisonnerait de la même façon.

§ 2. – Les fonctions des notaires

19. – Nommé par l'État, le notaire est un officier public et ministériel. La fonction qu'il exerce est tout à fait spécifique. Ce qu'il constate personnellement (date, présence des parties, éventuellement paiement effectué), dans l'acte dressé sous son autorité, prend la valeur propre à la forme authentique. La contestation en est rendue plus difficile ; celui qui veut s'y engager doit avoir recours à une procédure particulière, délicate et dont l'échec est assorti de

(13) A. Kojève, *Esquisse d'une phénoménologie du droit. Exposé provisoire*, 1943 ; Paris, Gallimard, 1981, coll. « Tel », n° 350, p. 73 et s., notamment, p. 78, 87 et s. – Comp. Cass. 1re civ., 17 mars 2011, n° 10-10.583 : « une apparence de motivation faisant peser un doute sur l'impartialité de la juridiction ».

sanction. Le notaire demeure doté d'une autorité inégalée[14]. Un acte notarié est notamment nécessaire chaque fois que doivent être accomplies les formalités de publicité foncière et pour l'établissement d'actes importants en raison de la complexité de leurs conséquences et des risques qu'ils comportent (donation, constitution d'hypothèque) ; la fonction d'authentification est alors indissociable de la fonction de conseil.

Le notariat est fortement organisé[15]. Les notaires ont notamment eu la sagesse d'aménager soigneusement leur propre contrôle. Au 1er janvier 2011, 9 066 notaires exerçaient leurs fonctions dans 4 560 offices. Le nombre de leurs employés atteignait 46 000 personnes.

20. – Conseiller habituel des familles, notamment pour la préparation et le règlement des successions après décès, le notaire était l'homme de la continuité. Dans nos villes et, plus encore dans nos villages, la même étude de notaires suivait les générations. Les notaires connaissaient chacun, ses progrès et ses difficultés. Le notaire de famille remplissait un rôle social assez comparable à celui du médecin de famille ou du prêtre. La multiplication de règles fiscales et de contraintes administratives a changé la nature même de son intervention ; ce sont des informations précises qui lui sont demandées, en même temps que des conseils dans la gestion d'un patrimoine. Le notaire est aussi le conseiller des chefs d'entreprises plus ou moins importantes, dans le domaine immobilier spécialement.

Sa tâche a été transformée et est devenue beaucoup plus difficile depuis que le droit a été soumis à un phénomène de complexité croissante, d'instabilité chronique et de multiplication des dispositions légales et réglementaires. L'État menace en permanence la sécurité des opérations juridiques ; il impose, aux notaires notamment, de remédier à l'inconvénient grave que comportent ses initiatives mal préparées et mal conçues.

Il incombe aussi, aux notaires, d'imaginer des solutions, des « montages » contractuels qui permettent d'aboutir au résultat souhaité, conformément à la loi et de façon efficace.

(14) Une certaine impartialité est exigée de lui : Cass. 1re civ., 3 nov. 1981, n° 8-12.874 : *Bull. civ.* 1981, I, n° 325.
(15) Ord. 2 nov. 1945. – Quatre-vingts chambres ; trente-trois conseils régionaux ; Conseil supérieur du notariat.

Une particularité de la position du notaire tient à sa fonction particulière. S'il intervient souvent à la demande de l'une des parties à l'acte qu'il dresse, il ne peut méconnaître les intérêts de l'autre partie. Il peut être condamné à indemniser aussi bien celui qui s'est adressé à lui que l'autre partie, s'il commet une faute qui lui est préjudiciable.

§ 3. – Les fonctions des avocats

21. – Quant aux activités de ceux qui portent ce titre, la profession d'avocat[16] présente moins d'unité encore que les fonctions des juges. Certains ne plaident pas, ou très rarement. Les anciens conseils juridiques négocient et rédigent des contrats et accomplissent, pour leurs clients, des formalités diverses (déclarations fiscales...). Ils interviennent dans l'organisation et la gestion des entreprises, dans leurs rapports avec leurs partenaires, comme avec leur personnel.

Le travail de l'avocat qui collabore à un cabinet de plusieurs centaines, voire de plusieurs milliers d'avocats, est nécessairement différent de celui qui est seul et doit diversifier son activité, en fonction des demandes des clients, mais aussi des obligations (procédurales, comptables, fiscales...) qui pèsent sur la profession. 32 598 avocats étaient en exercice en 2001. Trois mille cabinets environ sont créés par an.

Ils sont regroupés en ordres. Les barreaux sont attachés aux tribunaux de grande instance et placés sous l'égide de bâtonniers. Tout avocat peut plaider devant toutes les juridictions ; il ne peut accomplir les actes de la procédure que devant le tribunal de grande instance auquel son barreau est attaché.

22. – Même la plaidoirie diffère d'un domaine à l'autre. En matière civile, elle a perdu une grande partie de son importance. Plus brève qu'autrefois, elle est parfois supprimée ; à l'audience, l'avocat est souvent invité par les magistrats à présenter seulement quelques observations, voire à déposer son dossier. Le nombre des affaires appelées à chaque audience est l'excuse invoquée pour renoncer à la présentation orale qui a, pourtant, l'avantage irremplaçable de

(16) V. Th. Wickers et Ch. Jamin, *L'avenir de la profession d'avocat : Rev. Commentaire* 2010-2011, n° 132, p. 985.

faire vivre l'histoire des parties devant les juges et de donner, à la justice, l'humanité dont elle ne peut se passer. Certains s'en félicitent au nom de « la performance et de l'efficacité »[17]. Les avocats pénalistes ont conservé la possibilité de plaider vraiment, c'est-à-dire de présenter, aux juges, les parties, leur passé, les circonstances concrètes...

L'ancien article 913, alinéa 2, du Code de procédure civile portait une disposition tout à fait révélatrice et contestable : devant une cour d'appel, « les avocats sont entendus sur leur demande ». Le président de la chambre ne peut sans doute refuser d'accéder à cette demande. Il n'en reste pas moins troublant que le terme de « plaidoirie » ne soit pas utilisé et que les avocats soient invités à formuler une demande pour remplir leur fonction, c'est-à-dire pour présenter la cause de ceux dont ils défendent les intérêts. Heureusement, s'il arrive que le président réponde, à l'avocat qui souhaite plaider, « Plaider ? Comme vous y allez » (*sic* !) ou « puisque vous insistez, la cour vous laisse la parole ; mais sachez que vous ne plaidez que pour votre client » (*sic* !), la disposition est généralement oubliée.

Auxiliaire de justice, l'avocat est le porte-parole et le traducteur des intérêts et objectifs de celui qui lui en a confié la défense ; il interprète, devant les juges, sa partition sur un thème commandé par les circonstances, par les preuves, par les demandes de la partie pour laquelle il s'exprime. Par là, il contribue directement à l'œuvre de justice[18] ; il aide le juge à parvenir, dans l'impartialité, à se forger une opinion et à la justifier.

La forme écrite n'y suffit généralement pas. Une plaidoirie pertinente remplit un rôle irremplaçable. Elle fait vivre l'histoire qui a été présentée par écrit. Elle alerte les magistrats sur les difficultés du dossier et sur ses différents aspects. Les juges qui s'opposent aux plaidoiries sont assez souvent ceux qui commettent les erreurs les plus flagrantes et les plus faciles à éviter.

23. – Certains cabinets d'avocats se spécialisent dans la défense des intérêts de certaines catégories de clients. Ils sont connus comme avocats des banques, des assureurs, des constructeurs de bâtiments, ou encore de certaines grandes

(17) B. Deroyer et R. Apéry, *Le dossier de plaidoirie. Pour une évolution des pratiques* : D. 2010, p. 2075.
(18) Même si son concours n'est pas toujours obligatoire.

entreprises. Ils acquièrent ainsi une incontestable compétence et, parfois aussi, une autorité particulière devant les juges. D'autres se spécialisent par matière, le droit des sociétés commerciales, le droit fiscal, le droit de la construction immobilière, le droit des brevets d'invention.

La carrière des avocats peut évoluer de façons différentes. Certains rencontrent un succès fulgurant. Une affaire retentissante les rend célèbres. La presse et la télévision se font l'écho de leurs interventions. D'autres voient leur clientèle se développer très progressivement. Elle les conduit parfois à une spécialisation involontaire. Le « bouche à oreilles » leur profite dans un secteur particulier, par exemple, parce qu'ils ont donné toute satisfaction à un professionnel.

Les relations de l'avocat avec sa clientèle changent également de l'un à l'autre. La compétence et le talent ne suffisent pas toujours. La participation à des réunions ou à des manifestations où se retrouvent, ici, des propriétaires, là, des locataires, ailleurs, des banquiers, ailleurs encore des chefs d'entreprises, des banquiers, des assureurs, peut jouer un rôle important. Tous les avocats ne s'y prêtent pas ; et tous n'y connaissent pas le même succès.

24. – La fonction de plaider demande, elle aussi, de se souvenir que « le droit n'existe en quelque sorte que par le cas. Le cas non seulement n'est pas prévu, mais ne peut pas l'être ». Le jugement traduit la règle pour le cas et la transpose dans l'espèce ; il faut parvenir à dire « *à la fois* que la réalité du cas est dans le droit *et* que son dire fictionne ou figure cet "être" du cas... »[19].

Tout en insistant sur les particularités du cas, la plaidoirie le rattache à une ou des règles ; elle tente de leur donner le sens qui sera favorable aux intérêts à défendre. Dans ce travail de traduction, de transposition, l'avocat ne peut pas suivre à la lettre les désirs du justiciable ; il prend nécessairement de la distance, du recul par rapport à sa vision des choses.

§ 4. – Les fonctions des juristes d'entreprises

25. – Dans cette catégorie encore, règne la diversité. Le juriste qui travaille pour une compagnie d'assurances ou pour une banque, n'accomplit pas les mêmes tâches que le salarié d'une grande entreprise industrielle. La préparation

(19) J.-L. Nancy, *op. cit.*, p. 37, 40, 42, 46.

d'un dossier contentieux ne demande ni le même travail, ni les mêmes qualités que la rédaction d'un projet de contrat ou la participation à sa négociation. Le juriste est en relation avec les juristes d'autres entreprises, avec les avocats, le comptable et les dirigeants de l'entreprise.

26. – Le juriste d'entreprise occupe une position ambiguë. Il est au service de son employeur. D'un autre côté, il doit lui fournir des conseils juridiques et l'alerter sur le caractère éventuellement illicite des initiatives qu'il projette de prendre. La question se pose à lui de savoir jusqu'à quel point il lui est possible de s'y opposer.

Comme l'avocat, il met ses connaissances et son talent au service d'un intérêt déterminé. Comme lui encore, il doit savoir faire preuve d'imagination pour proposer des solutions valables et efficaces. Il lui est plus difficile de prendre la distance qui s'impose à l'égard des demandes et objectifs de son employeur.

§ 5. – Les fonctions des enseignants

27. – L'enseignement du droit prend des formes multiples. Il est aujourd'hui assuré pour les élèves des lycées et pour ceux des grandes écoles. Les facultés de droit dispensent des enseignements juridiques dans les différents domaines.

28. – Les cours de droit qui peuvent être suivis dans les facultés diffèrent considérablement de l'un à l'autre. Les uns, notamment ceux des premières années, portent sur la description des règles de droit élémentaires, sur des définitions, sur les notions de base, sur l'organisation de l'État et des autres personnes publiques, ainsi que sur celle des diverses juridictions, mais aussi sur l'histoire du droit et des institutions.

D'autres cours sont voués à l'apprentissage du raisonnement. Des cas sont soumis aux étudiants. Ils travaillent aussi sur des difficultés relatives aux notions, aux principes, à leurs raisons d'être, à leur histoire, à leurs domaines et à leurs conséquences. Ils s'entraînent à la réflexion critique.

L'enseignement dispensé dans les facultés de droit ne se suit pas comme un cours de l'enseignement secondaire. Il demande une concentration particulière. Il ne se compose pas d'une série d'affirmations descriptives, de narrations. Il a sa cohérence, et c'est celle d'un raisonnement qui se poursuit. En faculté de droit, le cours ouvre un chemin sur lequel le professeur s'efforce d'entraîner les étudiants, mais que chacun d'eux doit défricher pour lui-même.

29. – L'objet de chaque cours et la méthode suivie dépendent des choix effectués par l'enseignant, de son tempérament, de sa propre formation, de ses préférences... La diversité qui en résulte donne, aux facultés de droit, toute leur richesse.

Elles diffèrent les unes des autres par leurs habitudes, par leurs exigences, mais surtout par leurs spécialités dominantes et par leurs références ; un tour de France des facultés de droit ferait découvrir que les grands juristes qui y sont volontiers cités et dont les étudiants doivent connaître les principales propositions ne sont pas les mêmes. Passer d'une faculté à l'autre, c'est souvent passer d'une culture à l'autre.

Les épreuves auxquels les étudiants sont soumis varient aussi. Dans certaines facultés de droit, l'accent est mis sur le commentaire de décisions de justice notamment. L'exercice présente l'avantage de préparer le futur juriste à comprendre le sens des textes, à lire les jugements des tribunaux et les arrêts des cours, à en tirer tous les enseignements qu'ils comportent sans leur faire dire davantage. Certains enseignants privilégient l'exercice dit « du cas pratique ». Des faits extrêmement simplifiés sont présentés ; il est demandé aux étudiants de défendre la cause de l'une des parties ou de déterminer la situation en droit de chacun.

30. – La position des professeurs de droit diffère d'un pays à l'autre, d'une époque à l'autre. Dans les pays allemands, au XIXe siècle, ils étaient consultés très officiellement et leurs opinions étaient reconnues comme ayant valeur de droit, à l'imitation des grands juristes romains. En France aujourd'hui, ils perdent un temps précieux à remplir de multiples formulaires administratifs, dont l'intérêt principal est de justifier l'existence des services qui les gèrent. Des consultations leur sont encore demandées à l'occasion de litiges complexes ; leur portée est difficile à apprécier[20].

Les ouvrages eux-mêmes ont considérablement changé. Le commentaire du Code civil de 1804 pouvait prendre une trentaine de volumes au XIXe siècle ; des

(20) V. Rép. min. 8 juin 1992, citée *in* CA Versailles, 1re ch., 1re sect., 5 mars 2009, n° 07/08632 : « prestation intellectuelle personnalisée qui tend à fournir un avis concourant, par les éléments qu'il apporte, à la prise de décision du bénéficiaire de la consultation et donc distincte de l'information à caractère documentaire qui consiste à renseigner un interlocuteur sur l'état du droit ou de la jurisprudence relativement à un problème donné ».

discussions y étaient menées en détail et de façon approfondie. L'ouvrage de Charles Aubry et de Charles Rau, dont la première édition était une traduction d'un ouvrage écrit par un professeur allemand chargé d'enseigner le Code civil aux étudiants allemands dans les pays qui y étaient soumis à la suite des conquêtes napoléoniennes, fut l'un des premiers à présenter une synthèse plus dense, ramassée et abstraite.

31. – Au XIXe et au XXe siècle, des maîtres de grand renom parvinrent à acquérir une stature hors du commun ; leur renommée était nationale et leurs œuvres constituaient, pour les avocats et pour les juges, des références difficilement discutables. Leurs opinions avaient un grand poids. Ils avaient pour nom Demolombe[21], Aubry et Rau, Gény, Planiol, Capitant, Hauriou, Duguit, Ripert, Savatier, Carbonnier. La place qu'ils occupaient semble demeurer vacante aujourd'hui.

Plusieurs explications de ce phénomène peuvent être avancées. D'une part, le droit lui-même a probablement changé de signification. Il est envahi par des règles issues de programmes politiques ; elles sont beaucoup moins stables et se prêtent fort peu au commentaire approfondi, voire à la réflexion. Les juristes ont dû se spécialiser ; leurs œuvres y ont perdu la hauteur de vue de celles qui les avaient précédées. Les professeurs de droit ne peuvent plus guère se présenter comme des guides. Ils le peuvent d'autant moins que leurs enseignements ont souvent paru, à tort ou à raison, s'éloigner des besoins de la pratique du palais, du barreau, du notariat.

Ils ont sans doute une conception différente de leurs fonctions. Leur influence sur les positions des juges a peut-être diminué. Désormais, c'est en participant à l'œuvre législative, en contribuant à la préparation des avant-projets de lois, qu'ils acquièrent une certaine renommée.

Parmi les professeurs de droit, il en est auquel une seule œuvre, la première parfois, assure le succès[22]. La plupart doivent attendre davantage. Certains

(21) V. Ph. Rémy, *Éloge de l'exégèse : Droits (Revue française de théorie, de philosophie et de culture juridiques)* 1985, n° 1, p. 118.

(22) Ce fut le cas, notamment, pour le professeur Christian Mouly (1949-1996), dont la thèse de doctorat, consacrée aux causes d'extinction du cautionnement (Paris, Librairies techniques, 1979, coll. « Bibl. dr. entreprise », préf. M. Cabrillac), contenait une proposition tout à fait originale et forte, qui fut rapidement reconnue par tous et consacrée par la Cour de cassation : Cass. com., 29 juin 1982, n° 80-14.160 : *Bull. civ.* 1982, IV, n° 258 ; *D.* 1983, p. 360, note C. Mouly ; *RTD civ.* 1983, p. 354, n° 3, obs. Ph. Rémy ; *Defrénois* 1983, p. 393, n° 24, obs. J.-L. Aubert.

publient de nombreux ouvrages et articles, mais ne font pas nécessairement mouche. D'autres encore publient régulièrement des articles ou des livres qui sont accueillis, à chaque fois, comme des événements ; leurs successeurs hésitent à revenir sur un sujet qu'ils semblent avoir épuisé pour longtemps. D'autres professeurs se consacrent à leurs étudiants et à leurs enseignements. Bufnoir[23], Beudant furent de cette sorte durant la première moitié du XXe siècle ; leurs étudiants s'attachèrent à faire connaître leur pensée en publiant leurs cours.

SECTION 2

LA DIVERSITÉ DES SPÉCIALITÉS

32. – Nombre de juristes se spécialisent. La complexité du droit les y incite ; ils ont le sentiment d'y être contraints. Les avocats d'autrefois étaient souvent des généralistes. Ils plaidaient aussi bien en droit civil devant les tribunaux d'instance ou de grande instance – ou devant les juridictions autrement dénommées qui les ont précédés – qu'en droit commercial, devant les tribunaux de commerce notamment, qu'en droit pénal devant les tribunaux de police ou correctionnels et devant les cours d'assises. De plus en plus, ils ont tendance à se doter d'une compétence particulière. Ils ne l'ont pas toujours choisie ; leurs premiers clients ont pu les engager dans une voie différente de celle à laquelle ils avaient songé et le succès a fait le reste.

33. – Le droit civil ne peut guère être considéré comme une spécialité. Régissant la personne, la famille, les obligations et les contrats, la propriété, les sûretés, la responsabilité, les régimes matrimoniaux, les successions et les libéralités, il innerve toutes les autres branches du droit, au moins, du droit privé. En droit public, le droit administratif occupe à peu près la même position.

La procédure civile gouverne également tous les procès privés. Son importance est considérable. Elle se compose de principes directeurs qui tendent à assurer la loyauté du procès et, à tout prendre, l'existence d'un jugement véritable. L'issue du litige dépend souvent directement des règles procédurales ;

(23) Cl. Bufnoir, *Propriété et contrat*, Paris, Rousseau, 1900, 1924 ; Paris, LGDJ, 2005, présentation M. Boudot.

une distinction essentielle le démontre. Avant de pouvoir être jugée bien ou mal fondée, l'action doit être reconnue recevable ; par conséquent, celui qui a pour lui une règle de fond et pourrait obtenir gain de cause, ne peut aboutir à ce résultat si les exigences procédurales relatives, par exemple, à la qualité des parties, aux délais à respecter..., ont été méconnues.

Le droit pénal et la procédure particulière aux juridictions qui le mettent en œuvre constituent un domaine à part.

Le droit fiscal est tout à fait spécifique. Le contribuable ne se défend pas exactement comme l'administré qui s'estime victime d'une décision de la commune, du département, de la région ou de l'État.

34. – Nombre de spécialités ont vu le jour au gré de l'apparition de législations particulières de plus en plus nombreuses, de plus en plus détaillées, de plus en plus spécifiques. Les codes se sont d'ailleurs multipliés ; de moins d'une dizaine au début du XIXe siècle, ils sont passés à plus de soixante-dix (Codes rural et de la pêche maritime, électoral, de la route, du travail, de la construction et de l'habitation, de l'urbanisme, de l'action sociale et des familles, des assurances, de l'éducation, du domaine de l'État, du cinéma et de l'image animée...). Le généraliste ne s'engage pas sans risque à traiter du licenciement d'un salarié, d'un brevet d'invention ou d'une marque de fabrique, d'une question d'urbanisme, voire de celles que suscitent l'environnement ou encore la copropriété des immeubles bâtis.

35. – Les différents domaines du droit ne se différencient pas seulement par les questions envisagées et par les règles mises en œuvre. Certains au moins semblent dotés d'une inspiration, d'un esprit qui leur est propre. Le droit commercial, par exemple, régit les entreprises et leurs opérations ; il se présente souvent sous un jour plus concret que le droit civil. Le raisonnement en termes de principes peut convaincre le civiliste ; il sonne plus étrangement aux oreilles du commercialiste.

Lectures conseillées

– Ph. Jestaz et Ch. Jamin, *La doctrine*, Paris, Dalloz, coll. « Méthodes du droit », 2004.

– Ph. Malaurie, *Anthologie de la pensée juridique*, Paris, Cujas, 1996, 2e éd. 2001.

– Ph. Rémy, *Éloge de l'exégèse, Droits (Revue française de théorie, de philosophie et de culture juridiques)* 1985, n° 1, p. 118.

DEUXIÈME PARTIE

LES ÉTUDES DE DROIT

CHAPITRE 1

LA MÉTHODE

Présentation

Pour réussir ses études de droit, il faut commencer par maîtriser la méthode du raisonnement juridique et des exercices universitaires. Elle permettra de franchir le cap de la première année mais aussi de se former à la démarche intellectuelle des juristes.

Cet extrait est tiré de :

Frédéric-Jérôme Pansier, *Méthodologie du droit*, coll. « Objectif Droit – Méthodologie », LexisNexis, 8e éd., mai 2019.

36. – La méthodologie est avant tout apprentissage. Les exercices pratiques proposés à l'étudiant ne s'improvisent pas et sont le résultat d'une méthode apprise, appliquée et, peut-être un jour, maîtrisée.

En premier lieu, il faut insister sur le fait que la **méthodologie** et la **maîtrise de la langue française** sont les **fondations** et donc l'essentiel. Cela est si vrai que certains correcteurs prétendent pouvoir déterminer la note d'une copie par la seule lecture de l'introduction et des titres des parties.

Souvent, le droit est présenté comme une matière nécessitant d'apprendre « par cœur ». Cela est partiellement inexact. Il est vrai que les deux premières années sont consacrées à l'apprentissage du **lexique juridique** et du **registre soutenu** de la langue juridique. Néanmoins, le résultat obtenu sera le plus souvent décevant faute d'une maîtrise technique des exercices proposés.

37. – Les mots sont des diamants. Comme dans beaucoup de sciences, le juriste emploie une langue comportant des mots spécifiques ; l'étudiant doit donc apprendre les mots spécifiques du droit et leurs définitions. Du temps doit être consacré à cette acquisition du lexique, car, en droit, « les mots sont des diamants ».

Prenons un exemple réel : dans un contrat international, le mot anglais *delivery* a été traduit par « délivrance », au lieu de « livraison » ; la délivrance consiste à mettre une chose à la disposition de l'acquéreur et au lieu choisi par le vendeur, tandis que la livraison comporte l'obligation pour le vendeur de transporter la chose au lieu d'utilisation de la chose ; en l'espèce, cette mauvaise traduction a coûté un million d'euros à l'entreprise venderesse. En l'occurrence, le mot *delivery* a dépassé la valeur de bien des diamants. La pratique des juristes est si convaincue de l'importance du choix des mots que la plupart des contrats comportent une partie liminaire dédiée à la définition des mots qui sont employés par la suite.

Un à deux ans sont nécessaires à l'étudiant pour faire l'inventaire des mots spécifiques du droit et en connaître une définition précise. C'est une étape indispensable. Cet apprentissage peut être contraint : certains professeurs de première année de droit (L1) n'hésitent pas à exiger de leurs étudiants d'apprendre par cœur la définition d'une centaine de mots. La méthode peut paraître brutale mais elle est efficace, car elle permet d'acquérir la précision du lexique.

38. – Un registre soutenu. La langue connaît différents niveaux de langage ou registres. Ainsi, une personne ne s'exprime pas de la même façon avec ses parents, un ami de lycée ou d'université, un professeur… Ces différents modes d'expression sont aussi appelés registres.

Le langage juridique est marqué par un style soutenu. Par exemple, si l'Académie française admet l'emploi de l'expression « par contre », celle-ci heurte la sensibilité du juriste classique. Le juriste parle peu et bien. Sans doute parce que, au travers de la plaidoirie de l'avocat, il est le dernier défenseur de la rhétorique classique. La motivation des arrêts de la Cour de cassation, objet du commentaire d'arrêt, souligne encore parfaitement cette recherche du mot juste.

39. – Du bon usage de la méthode. L'apprentissage du lexique juridique et du registre de la langue juridique est un préliminaire. La connaissance de la méthode suit. Ce n'est pas tout. Il va falloir appliquer les méthodes lues, encore et encore. La maîtrise de la méthode s'obtient **par sa répétition**. Dans cette nouvelle édition, nous avons multiplié les corrigés pour chacun des exercices, année par année. Nous pensons que la lecture d'un corrigé peut permettre à l'étudiant de comprendre quelle est l'attente de celui qui donne le sujet.

Toutefois, il ne suffit pas de lire une méthode et quelques exercices corrigés. La pratique est indispensable. Prenons une comparaison : un individu, même le plus intelligent, ne devient pas potier en ayant lu tous les livres sur le sujet et en ayant regardé un artisan tourner son pot ou son vase. Il deviendra potier en tentant à son tour de pétrir des objets. Au début, la casse est immense, petit à petit la dextérité s'acquiert.

Il faut avoir pratiqué à de nombreuses reprises la fiche d'arrêt, pour partir d'un temps de réalisation insupportable un jour d'examen (deux à trois heures) et pour parvenir à la norme (vingt à trente minutes). La même règle vaut pour tous les autres exercices du droit et surtout pour la note de synthèse. Seule la mise en pratique de la méthode permet de progresser : il ne s'agit pas d'appliquer un plan ou une introduction déjà lus, mais de comprendre les mécanismes permettant de trouver un plan ou de construire une introduction.

40. – Commentaire d'arrêt, cas pratique, commentaire de texte et dissertation. De la L1 au M2, quatre exercices sont traditionnellement proposés aux étudiants lors des partiels ou des examens terminaux, avec une nette prédominance des deux premiers.

41. – Exercice du commentaire d'arrêt. La terminologie usuellement employée pour désigner cet exercice est quelquefois fautive : le mot « arrêt » étant réservé à la Cour de cassation et aux cours d'appel, et comme il se peut (rarement) que l'objet du commentaire soit un jugement, le puriste exigerait de remplacer cette expression par celle de « commentaire de décision » ; cependant, nous continuerons de suivre la tradition… Le commentaire d'arrêt est un art difficile, puisqu'il s'agit d'apporter une réflexion organisée sur la décision, après avoir procédé à son analyse.

42. – Commentaire d'arrêt et fiche d'arrêt. Cette analyse de l'arrêt est une première étape indispensable, généralement dénommée « fiche d'arrêt ». Il s'agit d'une grille de lecture du texte juridique, qui permet de vérifier que l'étudiant a compris l'arrêt, sa solution et sa logique. Le commentaire d'arrêt suppose que l'étudiant, à partir des éléments de cours en sa possession, puisse en outre apprécier la portée de l'arrêt et le resituer dans l'évolution jurisprudentielle, ce qui le conduira à l'inscrire dans une sorte de « lignée jurisprudentielle » comprenant des ascendants et des descendants. En première année de droit civil, le commentaire d'arrêt est souvent remplacé par une fiche d'arrêt (pour apprécier la compréhension de l'arrêt par l'étudiant), complétée par des questions tendant à rapprocher l'arrêt du cours, afin de déterminer si l'étudiant connaît son cours et est capable de rapprocher la solution de l'arrêt de celui-ci. Il faut noter que la technique de la fiche d'arrêt varie beaucoup selon chaque professeur qui souhaite l'utiliser lors des examens.

43. – Cas pratique et consultation. Le cas pratique et la consultation juridique sont l'exposé, sous forme d'un récit littéraire, d'une situation factuelle impliquant des difficultés juridiques. L'objectif de ces exercices est de se rendre compte si l'étudiant 1°) sait déceler au travers d'un récit, souvent non juridique, des problèmes de droit sous-jacents ; 2°) arrive à déterminer quelle règle de droit (quelle partie du cours) est concernée par le problème de droit (processus de qualification) ; 3°) fait une application correcte de la règle identifiée à la situation factuelle. Jadis, on distinguait le cas pratique, qui présente les faits de façon impersonnelle, et la consultation juridique, qui est le récit de difficultés juridiques tel qu'il pourrait être fait par le client d'un avocat. La plupart des « cas pratiques » proposés aux examens sont en réalité des consultations : il s'agit d'une personne qui vient vous voir et vous demande de la conseiller dans l'identification des problèmes de droit, la recherche des solutions possibles et le choix de la meilleure solution. Aussi, la distinction terminologique entre les deux exercices semble aujourd'hui désuète.

44. – Dissertation. La dissertation est un exercice non spécifique au droit. La matière l'imprègne dans la mesure où elle impose assez souvent un plan en deux parties et deux sous-parties par partie, comme en matière de commentaire d'arrêt.

45. – Commentaire de texte. Le commentaire de texte peut revêtir la forme d'un commentaire d'article du Code civil ou d'un texte juridique rédigé d'un grand auteur.

46. – Annonce de plan. Le document le plus usité, du moins en première année de droit, reste sans aucun doute le Code civil. Par la suite, d'autres codes viennent compléter le bagage de l'étudiant. C'est un outil qu'il faut savoir absolument manier, afin de ne pas perdre inutilement du temps lors des examens, et qui permet d'illustrer les propos avancés dans une copie ; le maniement du Code civil est l'objet de la première partie.

Les étudiants doivent également pouvoir se documenter convenablement, et il est nécessaire de classer et d'expliciter la documentation juridique que les étudiants pourront trouver dans les différents centres de réflexion laissés à leur disposition : ceci fera l'objet d'une deuxième partie.

Enfin, il convient d'examiner chacun des exercices tour à tour, en illustrant chaque fois notre propos. Notons que les exemples pris dans ce manuel ne sont que des illustrations, et les solutions que des éléments de corrigé. Tel est l'objet de la troisième partie.

SECTION 1

LE RAISONNEMENT JURIDIQUE

47. – Particularités du raisonnement juridique. Contrairement au raisonnement dialectique réservé aux devoirs littéraires ou philosophiques (thèse – antithèse – synthèse), le juriste, qu'il s'agisse du magistrat ou de l'étudiant, préfère adopter une logique formelle, fondée sur le raisonnement par déduction : il s'agit de poser une idée de départ considérée comme vraie, puis de dégager par étapes successives une solution juridique pourvue de la même valeur que l'hypothèse initiale posée *a priori*. Il suffit ni plus ni moins de faire preuve d'esprit de suite, même si Oscar Wilde affirmait jadis : « la suite dans les idées est le fait des gens qui n'ont pas d'imagination ».

48. – Division en parties. Sur le plan de la logique, le devoir de droit civil comprend généralement trois parties :

- l'introduction ;
- le corps du devoir ;
- la conclusion.

Le rédacteur doit avoir un souci constant – intéresser le lecteur – et un postulat : sa prose doit être compréhensible par tout individu, même par un non-juriste. Pour cela, le raisonnement doit être marqué du sceau de la rigueur (*i.e.* ne rien avancer qui ne soit dûment justifié), de la clarté (notamment par l'utilisation d'exemples) et de la sélection des idées essentielles.

49. – Abréviations courantes. Certaines abréviations seront souvent utilisées ; voici leur traduction :

- V. : voir (renvoi) ;
- *i.e.* : *id est* (c'est-à-dire) ;
- *e.g.* : *exempli gratia* (par exemple).

SECTION 2

LA RECHERCHE DU (OU DES) PROBLÈME(S)

50. – Nécessité d'un plan de travail. Afin d'éviter l'erreur de compréhension du sujet, le développement hors sujet ou la perte de temps, l'étudiant doit suivre un plan de travail.

SOUS-SECTION 1

CE QU'IL NE FAUT JAMAIS FAIRE

51. – Interdits. Ces interdits sont au nombre de trois.

52. – Lecture hâtive du sujet. Tout exercice juridique, qu'il s'agisse du commentaire d'arrêt, du cas pratique, du commentaire de texte ou de la dissertation, suppose une bonne compréhension du sujet. Il est vain de prétendre commenter un arrêt que l'on n'a pas compris, résoudre un cas pratique dont les éléments de fait ne sont pas clairs, ou encore disserter sur un sujet non longuement analysé. Il ne faut jamais tenter de réaliser une lecture hâtive du sujet proposé, cela ne peut que conduire à une impasse ou des hors sujets. **Le temps passé à la lecture du sujet n'est jamais du temps perdu.**

53. – Rédaction intégrale au brouillon du devoir. Le temps alloué pour les différentes épreuves ne permet pas de rédiger tout le devoir au brouillon, puis de le recopier ensuite. Cela ne veut pas dire que la copie finale devienne un brouillon ! Il faut apprendre à rédiger au fur et à mesure des idées, la détermination préalable d'un plan précis évitant de partir véritablement dans l'inconnu. La seule partie qu'il est possible (et souhaitable) de rédiger intégralement au brouillon est l'introduction d'une dissertation : le caractère essentiel de cette partie de l'exercice fait que l'introduction doit être élégante et soignée. Pour le corps du devoir de dissertation et pour les autres exercices, il convient d'apprendre à rédiger au fil de la plume et, malgré tout, proprement. Dans un commentaire d'arrêt, l'accroche, la formulation de la question de droit et les titrages pourront également faire l'objet d'une pré-rédaction au brouillon.

Il convient d'ores et déjà d'insister sur la **présentation** et l'**orthographe**.

54. – Pas de changement sans risque. Il ne faut jamais changer de sujet, de plan d'exposition ou d'idée en cours de travail. La réflexion sur le plan choisi est préalable au début de la rédaction des idées. Elle est importante et ce d'autant plus que toute modification postérieure est, de fait, interdite.

SOUS-SECTION 2

LE PLAN DE TRAVAIL

55. – Plan de travail personnalisé. Chaque étudiant doit établir un plan de travail adapté à sa personnalité ; toutefois, nous pouvons indiquer que ce plan de travail suivra en général les étapes suivantes.

§ 1. – La lecture et relecture du sujet

56. – Double lecture de l'arrêt à commenter. Pour un commentaire d'arrêt, la première lecture a pour fonction d'acquérir une vue d'ensemble de l'espèce, tandis que la seconde permet le repérage de la solution posée et ce, grâce à l'analyse de la structure logique de la décision. C'est ce que nous ferons par la suite.

C'est en ce sens que la fiche d'arrêt est une grille de lecture : la seconde lecture, plus attentive, permet d'attribuer à chacune des différentes parties de la fiche d'arrêt la partie de l'arrêt correspondante.

57. – Double lecture du sujet d'un cas pratique/consultation. La première lecture a pour objectif de « prendre connaissance de l'histoire », du récit dans sa globalité. Au passage, les problèmes juridiques sont ressentis, mais non encore identifiés. Ils peuvent faire, dès ce stade, l'objet d'annotations en marge du sujet. La seconde lecture n'est pas continue. Elle s'effectue le crayon à la main et permet de repérer les problèmes de droit dans le récit factuel. Cette étape essentielle conduit à réaliser une première qualification des faits.

58. – Double lecture du sujet de dissertation. Lorsque le sujet de la dissertation est un sujet littéraire (*e.g.* « L'évolution du divorce depuis le Code civil », « Le contrat du XXIe siècle »), ce n'est pas deux fois qu'il doit être lu, mais à de multiples reprises. Chaque mot doit être analysé et les locutions utilisées entre les mots disséquées.

§ 2. – La détermination précise du sujet

59. – Étapes de la détermination du sujet. Elle se réalise elle-même en trois temps :

• l'inventaire des difficultés, *i.e.* quelle(s) est (sont) la (les) question(s) essentielle(s) posée(s) en l'espèce ?

• l'élimination des questions secondaires, *i.e.* quelle(s) est (sont) la (les) question(s) **pouvant** être éliminée(s) ?

• l'élimination des questions hors du programme annuel, *i.e.* quelle(s) est (sont) la (les) question(s) **devant** être négligée(s) ?

60. – Sélection du sujet en fonction du programme annuel. Il faut toujours conserver à l'esprit le programme de droit civil étudié au cours de l'année – ce qui permet d'éliminer certaines difficultés que le candidat n'est pas supposé connaître. Par exemple, il est proposé à l'étudiant un sujet relatif au pouvoir contractuel des mineurs : si vous êtes en première année, c'est l'aspect « minorité » sur lequel vous devrez insister, alors que si vous êtes en seconde année, c'est l'aspect « contrat » qui bénéficiera de vos développements.

§ 3. – Le choix du plan retenu pour le corps du devoir

61. – Choix du plan. Une fois le sujet déterminé avec précision, il convient de lui apporter une réponse. Il faut indiquer sur une feuille de brouillon le plan suivi (avec les titres retenus) et la répartition des idées selon ce plan.

62. – Cas pratique, consultation, commentaire dirigé. Ce choix du plan est très simple en matière de cas pratique ou de consultation : il convient de reprendre un par un les problèmes dégagés et de les traiter successivement. La seule exigence logique est la suivante : lorsque plusieurs solutions juridiques sont possibles pour traiter une question, il convient de commencer par les propositions les moins favorables pour la personne en consultation et de finir par la solution recommandée par l'étudiant. Par exemple, si trois modalités de divorce sont possibles pour la personne venant en consultation, il faut présenter ces trois solutions en allant de la plus désavantageuse vers la plus avantageuse. Il n'y a pas d'effort spécifique de plan.

De même, lorsque le commentaire d'arrêt se réduit à une fiche d'arrêt suivie de questions, il faut se soumettre au plan tel qu'il figure dans l'énoncé et répondre question après question, selon l'ordre demandé.

63. – Commentaire d'arrêt, commentaire de texte ou dissertation. Dans ces deux exercices, le choix du plan est beaucoup plus complexe. Outre le fait qu'il doive répondre au standard (plan en deux parties – I et II –, elles-mêmes constituées de deux sous-parties – A et B), il faut choisir la nature du plan et un titrage. Nous donnerons quelques indications par la suite.

§ 4. – L'établissement de l'introduction

64. – Rédaction de l'introduction. Ce n'est qu'à la fin de la lecture du texte juridique, de son analyse, du choix du plan, du choix des titres, que l'introduction doit être rédigée. La raison de cette tardiveté est qu'elle comporte la trace d'une réflexion aboutie sur tous ces points. Ne jamais oublier que l'introduction est la porte par laquelle un étranger – le lecteur – s'introduit dans un système de pensée – le devoir –. L'introduction permet de savoir si l'étudiant a bien compris le sujet, a bien ressenti les éléments juridiques en jeu. Tout le devoir n'est que l'exploitation de cette bonne compréhension du sujet, grâce aux connaissances acquises.

65. – Plan de travail et gestion du temps. Pour ces quatre opérations, le délai d'une heure (sur les trois heures de l'épreuve) nous paraît être une moyenne raisonnable (minimum : trois quarts d'heure ; maximum : une heure et quart). Ce plan de travail est indispensable, car il permet une gestion appropriée du temps imparti pour l'examen.

Trop souvent, le devoir est qualifié de « têtard » : une première partie importante est suivie d'une seconde partie courte, voire inachevée, faute de temps. Organiser son temps, comme sa pensée, permet aussi une sélection des problèmes en délimitant le sujet.

SOUS-SECTION 3

LA DOCUMENTATION

66. – Manipuler le Code civil. Les textes qui fondent la solution à apporter ou à commenter se trouvent pratiquement toujours dans les **éditions privées** du Code civil (LexisNexis ou Dalloz).

Ces codes sont laissés habituellement à la disposition des étudiants le jour des épreuves. Toutefois, certains enseignants les interdisent à l'examen, c'est pourquoi il convient de s'assurer de la possibilité, ou non, de disposer de son code.

Une recherche le jour de l'examen est certes possible : la table des matières, la table chronologique et la table alphabétique sont d'une aide précieuse. Cependant, le temps est, ce jour-là, plus que jamais compté : c'est pourquoi nous insistons pour que l'étudiant, lors de chaque séance de travaux dirigés ou lors de ses révisions de cours, apprenne à repérer les articles du Code civil mis en jeu. « Repérer » signifie avoir une idée assez précise de la position desdits articles dans l'édition privée du code (numéro de l'article, place d'un texte annexe...) afin de ne pas perdre de temps pour les retrouver le grand jour. Certains enseignants permettent que l'étudiant surligne sur son code les articles étudiés au cours de l'année ou les arrêts analysés au cours des séances de travaux dirigés. Il convient de poser la question, car d'autres refusent toute « amélioration » du code... même si aucun « texte » n'est ajouté sur les pages du livre.

Le Code civil est donc un précieux outil qu'il faut savoir manier, et, pour cela, un entraînement est nécessaire...

67. – Au-delà des codes. La plupart des codes français étant de conception ancienne (repérable à leur numérotation suivie) nécessitaient une codification nouvelle dite « à droit constant », *i.e.* sans modification au fond des textes codifiés, qui intègrent désormais les législations non codifiées souvent aussi importantes que les dispositions figurant au code. Un bon exemple de cette codification est donné par le nouveau Code de commerce, réalisé par l'ordonnance n° 2000-912 du 18 septembre 2000.

Il faut ajouter, aux codes et à la législation interne non codifiée, les sources du droit communautaire, qui sont des dispositions directement applicables en France, et les règles des traités et accords diplomatiques signés par la France, qui priment celles qui leur sont contraires en droit interne. Un code des obligations européen est en projet (P. Glaudet, *Le Code civil européen : une utopie ?* : *Dr. et patrimoine* 1er avr. 2004, n° 125, p. 32-38 ; *Quelques remarques à propos du projet de code civil européen* : *D.* 2002, p. 2202-2214. – P. Malaurie, *Le Code civil européen des obligations et des contrats. Une question toujours ouverte* : *JCP G* 2002, I, 110. – B. Fauvarque-Cosson, *Faut-il un Code civil européen ?* : *RTD civ.* 2002, p. 463).

68. – Repérer la jurisprudence. Sinon en théorie, du moins en pratique, la jurisprudence est une source du droit.

Trois possibilités pour connaître, et donc retenir, les décisions sont offertes à l'étudiant :

- les décisions citées en cours, dans le texte du cours ou en note du cours ;
- les décisions étudiées lors de séances de travaux dirigés ;
- les décisions parues dans les annales d'examens.

C'est un **minimum** qu'un travail personnel, notamment l'utilisation des revues juridiques et de *Legifrance*, doit compléter davantage.

Comme en ce qui concerne les textes, il est bon de savoir repérer dans votre édition du Code civil, parmi la jurisprudence sélectionnée par l'éditeur (qui figure en note sous les articles correspondants), celle qu'il faudra connaître le jour d'une épreuve. Lorsque, dans le cours polycopié, dans les annales, dans les documents distribués lors des séances de travaux dirigés, l'étudiant rencontre une décision intéressante (*a priori*, les décisions citées dans ces trois types de documents sont **par définition** intéressantes), il doit se demander si elle est référencée dans l'exemplaire du Code civil qu'il possède :

• si tel est le cas, il doit savoir où et comment la retrouver rapidement ;

• si tel n'est pas le cas, il doit mémoriser la décision afin de pouvoir l'utiliser lors d'un examen.

CHAPITRE 2

LA CLASSIFICATION DU DROIT

Présentation

Les juristes aiment définir, classer, catégoriser. Le droit lui-même peut faire l'objet de plusieurs distinctions : selon sa nature ou sa matière, selon son sujet ou son objet...

Cet extrait est tiré de :

Daniel Mainguy, *Introduction générale au droit*, coll. « Objectif Droit – Cours », LexisNexis, 7e éd., août 2016.

69. – Classifications du droit et *summa divisio*. L'objet des normes juridiques, du droit est constitué de l'ensemble des institutions qui établissent, juridiquement, les relations juridiques. Il peut s'agir de droits subjectifs, comme le droit de propriété. Ainsi, il existe un article du Code civil, l'article 544, qui définit le droit de propriété, mais également, de très nombreux textes, dans le Code civil ou en dehors (Code de la construction et de l'habitation, Code de l'urbanisme, Code rural et de la pêche maritime, etc.), qui définissent des *prérogatives juridiques* du propriétaire ou contre un propriétaire : les droits d'un locataire, d'un voisin, du titulaire d'une servitude, etc. Il peut s'agit de libertés, comme la liberté du travail, la liberté contractuelle, etc., parfois établies en termes de libertés publiques. Par exemple la liberté du commerce et de l'industrie, la liberté d'aller et venir, la liberté du travail sont des libertés publiques, dont l'existence est parfois posée par la loi ou parfois reconnue par le Conseil d'État, et dont l'exercice est garanti, contre l'État, par le contrôle de validité des actes réglementaires par le Conseil d'État, et contre une personne par les tribunaux ordinaires. Certains sont des « droits fondamentaux » reconnus comme tels dans des textes particuliers : la Déclaration des droits de l'homme et du citoyen de 1789, la Constitution et la jurisprudence constitutionnelle, la Convention européenne des droits de l'homme, etc. Ces « droits fondamentaux » permettent alors le contrôle de la validité de loi, par un contrôle constitutionnel ou un contrôle de conventionnalité. Il peut s'agir également de règles qui ont pour objectif l'organisation d'une institution, comme les règles du droit public relatives aux collectivités locales, ou bien la détermination du jeu des prérogatives juridiques reconnues aux justiciables par la loi, comme les règles du Code civil, qui sont alors un ensemble de libertés, de facultés, de droits, de devoirs, d'interdits, de techniques de contrôle, comme dans l'institution du mariage par exemple. En droit privé, ces techniques juridiques sont souvent observées sous le prisme des droits subjectifs, sous l'influence notamment des auteurs allemands du XIXe siècle, qui peuvent être considérés comme des intérêts légitimes, juridiquement protégés, ou des facultés, reconnues à un individu, de faire prévaloir l'effet juridique d'une règle de droit. Cette notion de « droit subjectif » est particulièrement bien adaptée à de véritables droits, souvent appropriés : le droit de propriété, un droit de créance, mais correspond parfois à des réalités plus diffuses. Par exemple, si je dispose de la faculté d'engager la responsabilité de celui qui, par son fait, m'a causé un préjudice, peut-on en déduire que je dispose d'un « droit » à ne pas subir de préjudice, et inversement, que l'auteur de celui-ci assume une « obligation » ou un « devoir » de ne pas me causer de préjudice, d'être prudent, d'être diligent, de bonne foi, loyal, etc. ? Le standard de comportement est ici l'image, « objective » d'une sorte d'*homo juridicus*, le « bon père de famille » ou la personne raisonnable, qui n'existe évidemment pas. Il n'y a pas de devoir d'être loyal ou de bonne foi, mais une sanction potentielle d'un comportement déloyal ou de mauvaise foi. La notion de « droit subjectif » en tant qu'elle serait explicative des prérogatives juridiques des justiciables est donc au mieux pédagogique, et de ce point de vue, pour certains droits subjectifs, susceptible de catégorisation.

Est-il, alors, absolument nécessaire de proposer une description, nécessairement partielle et résumée, de quelques-unes de ces règles dans une introduction générale au droit ? Rares sont les ouvrages d'introduction au droit qui n'y sacrifient pas, quand bien même des ouvrages spécifiques, en nombre, permettent de cerner beaucoup mieux et plus profondément les matières concernées, mais ne serait-ce que pour apporter à l'étudiant encore peu habitué à les manier, nous aborderons quelques-uns de ces éléments, au minimum, à titre de vocabulaire.

Cette définition, qui n'en est pas une, comprend de nombreuses difficultés puisqu'il faut admettre que c'est « le droit » qui détermine la nature des « relations gouvernées par le droit ». Pour prendre un exemple, la question du voile, à l'école ou dans l'espace public est, comme les autres questions touchant au religieux ou la pensée, de l'ordre de la sphère d'intimité. Mais c'est bien parce que « le droit » a choisi, dans un premier temps, de ne plus imposer une religion particulière, le catholicisme en France, puis que « le droit » a décidé que cette sphère d'intimité devait cependant faire l'objet d'une réglementation.

Pour observer ces « relations gouvernées par le droit », les règles de droit, les juristes ont tendance à procéder par classifications, par distinctions, par divisions, par définition. Un contrat, c'est une convention qui produit des obligations, par conséquent, ce n'est pas un acte unilatéral, mais c'est un acte, ce n'est pas un fait juridique, etc.

Les juristes sont en effet comme les entomologistes, ils aiment décrire, décortiquer, distinguer, catégoriser, sérier, observer, disséquer, « dichotomiser », classer, ranger les institutions qu'ils rencontrent.

Ils utilisent pour cela – imitant les autres scientifiques – des classifications dans lesquelles ils pensent que tout est envisagé, que rien n'est laissé en dehors de la classification. C'est ainsi que le droit, qui n'est pas une science au sens technique du terme mais un savoir, un art même, s'étudie de manière qui se veut scientifique, méthodique, avec quelques bémols : cette méthode se présente pratiquement toujours comme une association entre des *principes* et des *exceptions*, la distinction étant présentée comme scientifique, alors qu'elle est parfois sinon assez approximative, du moins... humaine.

Le terme de *summa divisio* identifie cette situation : ainsi, si je veux classer les étudiants d'un amphithéâtre, je peux utiliser plusieurs types de *summa divisio* : je peux opposer les filles et les garçons, les étudiants à lunettes et les étudiants sans lunettes, les primants et les redoublants, ceux qui veulent poursuivre en droit privé ou en droit public, etc. Reste à déterminer quelle distinction est la plus pertinente pour assurer cette description. Celle que je choisirai sera considérée comme pertinente, mais c'est bien entendu un code, un postulat, qui m'est propre. Pour un autre, en d'autres temps ou en d'autres circonstances, une autre distinction aurait tout aussi bien pu être considérée comme pertinente. Toute *summa divisio* contient alors une catégorie « fermée », dont les critères d'admission sont les plus rigoureux et une catégorie « ouverte », « fourre-tout ». Par exemple, l'article 516 du Code civil assure que « les choses sont meubles ou immeubles » : les immeubles forment la catégorie « fermée », les meubles la catégorie « ouverte ». Ainsi si je me pose la question de savoir si un droit d'auteur est un immeuble ou un meuble, je peux observer que ce n'est pas un immeuble et, donc, que c'est un meuble. C'est d'une logique rigoureuse et discutable. On aurait tout aussi pu distinguer les choses selon qu'elles peuvent être déplacées ou non (le droit d'auteur devient un immeuble), selon qu'elles sont une valeur importante ou non, ou bien créer d'autres catégories.

70. – Plan. Il convient alors d'observer, même rapidement, quelques **classifications du droit**, là encore en relativisant le propos car il s'agit davantage des *classifications généralement proposées en droit dont parlent les juristes* (Section 1) avant d'entrer dans le vif du sujet et observer, après s'être convaincu de la place prépondérante du droit civil, une distinction fondamentale en droit privé qui oppose les personnes, les sujets de droit, et les biens, **l'objet des droits** (Section 2), puis une seconde distinction qui oppose les droits subjectifs entre eux permettant de présenter les **principaux droits subjectifs** (Section 3), mais également les éléments de la preuve des droits (Section 4). On aurait aussi bien pu présenter la question de l'ordre juridique, question qui suppose résolue celle de la source de cet ordre.

Autant dire que nous allons visiter des classiques, les grandes distinctions, de manière un peu figée, mais aussi quelques éléments du « contenu droit » plus exactement du « contenu droit privé » à travers essentiellement ce que Carbonnier désignait comme les trois piliers du droit privé, la famille, le contrat, les biens. En réalité, le « temple droit » pourrait s'enrichir de nouveaux piliers, l'activité de l'État, pilier essentiel dans un pays où la fonction publique est essentielle, le pilier « personnes » dont nous verrons que leur étude fait l'objet d'une approche renouvelée et singulière, ou le pilier « activités » des personnes. Ces questions seront disséminées dans ces trois sections successives.

SECTION 1

QUELQUES CLASSIFICATIONS EN DROIT

71. – Principale ou fausse classification ? Droit privé et droit public. Cette première distinction aujourd'hui classique entre droit privé et droit public, que le droit romain connaissait mais que l'Ancien droit avait largement limitée, résulte de la part de plus en plus importante prise par l'État depuis la fin du XVIIIe siècle, justifiant l'identification d'un droit des personnes publiques, de l'administration, de l'État : le droit public. Partant, le constat que l'État et ses agents cherchent à assouvir des buts d'intérêt général a contribué à identifier un corps de règles particulières et autonomes du droit privé, le droit administratif, depuis un arrêt du Conseil d'État du siècle dernier, l'arrêt *Blanco* rendu en 1873 par lequel le Tribunal des conflits proclamait le Conseil d'État juge administratif.

Aujourd'hui, la séparation est entièrement consommée en droit français à la différence de nombreux droits étrangers qui ne connaissent pas cette distinction. Le droit public, le droit administratif, disposent aujourd'hui leurs propres règles dans tous les domaines, droit des biens, des contrats, des fonctionnaires, etc.

Le droit public rassemble l'ensemble des règles qui gouvernent les rapports entre les particuliers et l'État et l'organisation de l'État lui-même. Le droit privé concerne les règles gouvernant les rapports des particuliers entre eux.

72. – Critères de la distinction. Deux critères, présentés comme essentiels, distinguent le droit public et le droit privé :

– le droit public cherche d'abord à satisfaire l'intérêt général alors que le but des règles de droit privé est de satisfaire et garantir des intérêts privés, des intérêts individuels ;

– le droit public est ensuite fondamentalement inégalitaire puisqu'il favorise l'État en toute hypothèse contre les particuliers alors que le droit privé tend au contraire à promouvoir l'égalité entre les personnes. Par exemple, l'administration dispose de pouvoirs exorbitants du droit commun en matière contractuelle, qui lui permettent par exemple de modifier le contenu d'un contrat en cours d'exécution, ce qui est impossible en droit privé ;

– le droit public est en outre impératif alors que le droit privé insiste sur la volonté individuelle ; il est donc le plus souvent supplétif. Cette impérativité du droit public s'explique aisément : le droit public se préoccupe essentiellement du droit de l'administration, relations entre administrations, à l'égard des particuliers, appelés usagers... Aussi l'administration est-elle dotée de pouvoirs exorbitants du droit commun (en matière de contrats administratifs ou d'expropriation...), dispose de juridictions particulières (tribunaux administratifs, cours administratives d'appel, Conseil d'État) et d'agents, les fonctionnaires.

73. – Critiques de la distinction. Cette distinction est cependant l'objet de nombreuses critiques (V. *infra*, notamment, M. Miaille, pour une critique marxiste du droit : « La distinction entre droit public et droit privé n'est donc pas naturelle : elle n'est pas logique en soi, elle rend compte d'une certaine rationalité, celle de l'état bourgeois »).

Elle est d'abord très imprécise puisque bien des règles sont difficiles à identifier comme relevant d'un ensemble ou d'un autre. Il en est ainsi par exemple de la difficulté de classer le droit pénal : droit de la force répressive de l'État, et pour cette raison susceptible d'être intégré dans le droit public, et droit réprimant les infractions commises par les particuliers, classé pour cette raison dans le droit privé. On peut ensuite réitérer le raisonnement à propos de branches nouvelles du droit à consistance très économique : le droit de la concurrence, le droit boursier, le droit fiscal, le droit de l'environnement, droit de la santé : si je suis patient d'un médecin privé ou si je suis patient d'un médecin exerçant à l'hôpital, serais-je soumis à une même règle ou à des règles distinctes ? C'est, comme pour illustrer l'absurdité de cette division, la seconde réponse qui l'emporte.

On parlait également autrefois de la « publicisation » du droit privé, surtout dénoncée après la Seconde Guerre mondiale et la grande série d'ordonnances de 1945, par exemple pour illustrer la force de l'ordre public en droit privé comme de l'ordre public économique en droit des contrats ou de l'ordre public social qui risquait, croyait-on, d'aboutir à l'absorption du droit privé par le droit public. La menace était présentée comme une forme de perversion, voire de contamination ou de socialisation du droit privé, alors présenté comme « pur », frayeurs aujourd'hui dépassées (V. *infra*, la littérature d'alors : R. Savatier ; H. Mazeaud ; J. Rivero). On pourrait tout autant dénoncer la privatisation du droit public (ne parle-t-on pas de contractualisation des rapports de l'administration ?) à travers ses activités privées, d'actionnaire, d'assureur, de banquier, de producteur de biens et de services, d'employeur, de contractant, de « consommateur », de concurrent. Ces exemples démontrent sinon l'impertinence de la distinction, du moins sa relativité.

La distinction est également erronée dans la mesure où il n'y aurait pas des règles qui s'intéressent au bien public, celles du droit public, et celles qui n'intéressent que les intérêts privés. Toute règle de droit serait associée à une certaine recherche d'utilité collective (V. *infra*, J.-L. Aubert), en une conception sociale ou marxiste du droit qui chercherait toujours l'intérêt social, peu important qu'il intéresse l'État ou les particuliers.

Les règles gouvernant la propriété sont un bon exemple : considérée comme un droit absolu, inviolable et sacré (DDHC, art. 2 et 17 ; C. civ., art. 544) attachée à une personne propriétaire, elle supporte nombre d'atteintes imposées par l'intérêt général.

Surtout, la différence d'objet entre les deux droits, l'État et les collectivités publiques pour l'un, les rapports entre particuliers pour l'autre, est floue. Ainsi, bien des activités de l'État ou de ses démembrements relèvent du droit privé : par exemple la gestion du domaine privé de l'État, de même que certaines activités des personnes privées relèvent du droit public comme les ordres professionnels ou l'activité des fédérations sportives.

Par ailleurs, cette distinction est contingente puisque des droits étrangers, à commencer par les systèmes de *Common Law*, l'ignorent totalement.

Aussi, cette distinction doit-elle être considérée comme ce qu'elle est : une réalité positive en ce sens que nombre de règles du droit privé ou du droit public s'ignorent, mais relative car, au contraire, de nombreux points de convergence les rapprochent. De fait, la conception des règles intéressant les rapports entre l'État et ses administrés ne peut pas être de même nature que les règles intéressant les rapports entre particuliers. La distinction n'est peut-être pas exacte, mais constatons qu'elle est présente avec ses défauts : imprécision et contingence.

74. – Droits politiques et libertés publiques. Le droit public reconnaît aux justiciables des droits particuliers, le droit de vote, le droit de se présenter à une élection, l'immunité (relative) de l'élu qui sont autant de droits politiques.

Les libertés, publiques ou individuelles, constituent des prérogatives attachées à une personne qu'elle peut faire valoir à l'encontre de la collectivité ou d'une autre personne. Elles sont reconnues par la Constitution de 1958, par la Déclaration des droits de l'homme et le préambule de la Constitution de 1946 : la liberté de conscience, de travail, d'expression... L'intérêt de reconnaître de telles libertés tient à leur autorité (on parle fréquemment de *droits et libertés fondamentaux*, V. *infra*, R. Cabrillac, M.-A. Frison-Roche et Th. Revet) : elles pourront faire échec à telle ou telle intervention législative qui viserait à les contraindre, par le Conseil constitutionnel ou la Cour européenne des droits de l'homme par exemple, ou les juridictions ordinaires. S'agit-il de droits ou de libertés propres au droit public ? Rien n'est moins sûr.

Les termes « libertés publiques » visent moins la source, publique, de ces droits que leur caractère collectif, général. C'est le cas par exemple de la liberté de la presse, de la liberté d'association. Toutefois, la frontière avec les libertés individuelles est parfois ténue. La liberté d'expression par exemple, le droit au respect de la vie privée, le droit à une vie familiale, le droit de grève, ne relèvent pas plus du droit public que du droit privé. Ainsi, la propriété est définie par l'article 544 du Code civil comme « le droit de jouir et disposer d'une chose de la manière la plus absolue, pourvu qu'on n'en fasse pas un usage prohibé par les lois ou par les règlements » ; c'est un pilier du droit privé. Mais, l'article 2 de la Déclaration des droits de l'homme et du citoyen de 1789 définit les droits naturels et imprescriptibles de l'homme comme « la liberté, la propriété, la sûreté et la résistance à l'oppression » et la Convention européenne de sauvegarde des droits de l'homme propose sa propre définition. Alors, la propriété : une prérogative juridique ou une liberté publique ? En réalité, il n'y a pas véritablement de confusion. L'article 544 du Code civil est le texte de base, propre à organiser les rapports juridiques en fonction de la propriété alors que l'article 2 de la Déclaration de 1789 est utilisé comme étalon de validation d'une loi votée par le parlement par le Conseil constitutionnel pour en apprécier la constitutionnalité. Et il en est ainsi de nombre d'apparentes confusions, comme la liberté d'expression, d'information, d'aller et venir, de conscience, syndicale...

Tous ces rapports juridiques se manifestent, au mieux, dans les relations entre une personne et la puissance publique. Les droits subjectifs, au contraire, se manifestent entre personnes privées. Il reste que les personnes physiques disposent, entre elles, de certaines libertés, liberté d'ester en justice, notamment, ou liberté matrimoniale.

75. – Distinctions du droit public. Rôle de l'État : de la sanction à l'action. Les trois grandes branches du droit public sont constituées du droit constitutionnel, du droit administratif et du droit international public. Le *droit constitutionnel* rassemble les règles qui intéressent l'organisation politique de l'État, son fonctionnement et la mise en œuvre de ses règles, à partir de l'observation de la Constitution et des règles qui s'y rattachent, lois constitutionnelles, lois organiques, décisions du Conseil constitutionnel, avec de nombreux rapports avec la science politique. Le *droit administratif* comprend les règles d'organisation de l'administration, des services publics, des agents de l'État, des biens publics, des libertés publiques, de la justice administrative. Le *droit international public* s'exprime à travers les règles interétatiques, par des conventions ou traités internationaux, lesquelles se retrouvent dans des organisations internationales, dont la plus importante, l'ONU.

Au-delà de ces distinctions académiques, le rôle de l'État s'exprime de façon multiple. L'État est en premier lieu celui qui assure l'existence et l'application des **sanctions**. C'est le grand progrès de ces deux derniers millénaires. L'État s'est progressivement arrogé le monopole de la sanction et de la force, contre les anciennes pratiques de vengeance privée (par ex. : le duel) ou non étatique (par ex. : l'inquisition) : nul ne peut se faire justice soi-même.

Aujourd'hui, le **droit pénal** (que l'on a pourtant l'habitude de classer dans le droit privé car il se dirige contre les personnes qui commettent des infractions) est contenu dans le Code pénal, ainsi que nombre de règles pénales insérées dans des lois non codifiées, et le Code de procédure pénale réformé en 2001. Quelques grands principes gouvernent la matière dont le plus important est celui de la légalité des crimes et des peines : aucun crime, aucun délit, mais aussi aucune peine ne peuvent être constatés ou prononcés s'ils ne font l'objet, préalablement, d'une incrimination par la loi. Ce principe est le garant essentiel des libertés individuelles.

L'État procède également à un double flux financier entre lui et les citoyens, par des **impositions** et des **redistributions**, finançant et réalisant le budget de l'État. Il ponctionne l'impôt et des cotisations sociales en respectant les règles du **droit fiscal** (dans lequel plusieurs grands impôts se côtoient, des impôts sur le revenu, sur le chiffre d'affaires ou sur le capital) et du **droit de la sécurité sociale** puis il redistribue, après avoir payé ses fonctionnaires, ses équipements, sa dette éventuelle, par des aides et des subventions, selon des critères établis par la loi, qui peuvent être sociaux, économiques, culturels... : c'est le modèle de l'État-providence.

Enfin l'État est devenu un **acteur** de la vie économique, ce qui le conduit à se soumettre à de nombreuses règles du droit privé, comme le droit des contrats, le droit des sociétés ou encore le droit de la concurrence, solution contraignante pour l'État car il n'est alors plus en situation de supériorité mais est placé à égalité avec ses partenaires.

76. – Le droit privé : l'homme, sa nature, ses activités, ses richesses. Si le droit public est centré sur le rôle et l'activité de l'État, le droit privé s'intéresse, tout au contraire, à l'homme dans toutes ses dimensions.

Il s'intéresse d'abord à la personne humaine, dans toutes ses caractéristiques : morale, physique, familiale, philosophique à travers l'instrumentalisation des règles des droits de l'homme.

Il intéresse ensuite les activités de l'homme et notamment son activité professionnelle : le droit commercial ou des affaires, la considération de l'entreprise, le droit rural, le droit du travail, le droit de la consommation... sont l'illustration de cette préoccupation.

C'est donc le droit du quotidien : la vente, le mariage et le divorce, l'éducation des enfants, les relations entre associés dans une société, les relations de travail, etc.

77. – Place du droit civil dans le droit privé. Le droit privé se distingue en rameaux, comme, d'ailleurs l'ensemble des raisonnements juridiques, en sorte que l'on peut proposer un plan présentant en arborescence le droit privé.

Cette présentation est assez arbitraire et abstraite en définitive car essentiellement fondée sur les enseignements diffusés dans les facultés de droit ; c'est une présentation de professeur, pas de praticien. Un praticien de droit des affaires, par exemple s'intéresse aussi bien au droit des contrats, des sociétés, de la procédure, qu'ils soient public ou privé, etc. Une place essentielle est réservée au droit civil, considéré comme le **droit commun du droit privé** : toutes les autres branches du droit privé se réfèrent au droit civil et lui apportent des exceptions.

Une **branche** peut se définir comme un ensemble de principes et de concepts juridiques formant un corps de règles cohérentes et relativement autonomes d'une branche plus importante. C'est là encore un code, aucune branche n'est étanche par rapport aux autres, par exemple en droit civil, et surtout par rapport à d'autres disciplines.

C'est ainsi que l'on classe fréquemment le droit privé en opposant le droit commun, le droit civil, et les droits d'exception comme le droit commercial, le droit processuel ou le droit social. Dans le droit civil, on distingue encore entre le droit des personnes, de la famille, des biens, des obligations, des régimes matrimoniaux ou des successions...

Ces classifications sont très largement arbitraires, comme l'est la division du droit en branches rattachées au tronc commun du droit civil (V. *infra*, F. Grua). Ainsi, le droit des contrats spéciaux, généralement classé dans le droit civil, appartient aussi au droit commercial, si l'on constate des contrats spéciaux du commerce. Sur ces critiques, de nouvelles classifications peuvent être proposées autour de la notion d'activité ou d'entreprise. Ainsi pourrait-on réorganiser chaque branche du droit selon qu'il s'agit de branches d'un droit professionnel ou d'un droit extra professionnel… mais il n'est pas certain que le résultat serait plus heureux.

78. – Principales branches du droit privé. Il reste que l'on envisage généralement différentes grandes branches du droit, autres que le droit civil.

Le **droit commercial** qui gouverne les activités des commerçants, remontant au Moyen Âge et regroupant le droit commercial général, le droit des sociétés, le droit bancaire, le droit boursier, le droit de la concurrence, le droit des entreprises en difficulté… Aujourd'hui le droit commercial fait l'objet de profondes mutations : on parle d'ailleurs plus aisément de **droit des affaires** que de *droit commercial* tant ses règles se sont élargies à toutes les activités professionnelles, ou de **Droit du commerce international** pour envisager ces règles dans les échanges internationaux. Il s'agit d'une question essentielle du droit français. Longtemps, imitant la conception physiocratique qui, économiquement, inspirait le Code civil, mais aussi par antithèse du droit anglais du XIXe siècle et du libre-échange, le droit français s'est refusé, sauf de façon minimaliste, à affronter ces règles. Il fallut attendre 1867 et la période libérale du Second Empire pour que les sociétés par actions soient admises en droit français (V. *infra*, comp. J. Hilaire ; J. Halpérin). Une seconde réforme vint en 1966 et, depuis, elles ne cessent de se succéder, à la fois sous la pression communautaire et étrangère pour rendre « compatible » le droit français des affaires avec la mondialisation. La crise de 1929 avait conduit les banquiers américains à fuir l'Europe, provoquant une récession sans précédent en Allemagne, terreau du nazisme, puis le retour définitif de ces mêmes banquiers et industriels dans les salons des armées victorieuses en 1945. La crise financière et bancaire de 2008 précipitant la crise institutionnelle de 2010 a conduit, pour d'autres raisons, dues à la créativité en matière d'instruments financiers propres à assurer la valorisation d'un crédit privé puis public sans précédent, à réfléchir à des techniques de réglementation, ou de régulation, du secteur, et ce au niveau mondial.

Le **droit social** intéresse toutes les relations de travail, entre employeurs et salariés, à travers le droit du travail et le droit de la Sécurité sociale. C'est un droit très compliqué, très spécifique, très politique. Sont concernées les questions relatives aux relations individuelles ou collectives de travail. Par relations individuelles, il s'agit de mesurer le contenu du contrat de travail (salaire, mobilité, missions, etc.), les pouvoirs de l'employeur (pouvoir de décision, de surveillance), les droits et la protection du salarié (congés payés, licenciement, etc.), mais aussi les éléments de distinction, la situation des dirigeants salariés, l'extension du statut du droit du travail à des catégories non salariées (les VRP, les journalistes par exemple) ou celle de l'*imperium* du droit du travail : peut-on déroger aux règles du droit du travail ? Par relations collectives de travail, sont envisagées les questions de représentativité et de représentation des salariés, par les syndicats ou par des représentants élus des salariés au sein de l'entreprise, le droit de grève et son inverse, le *lock-out*, la grève de l'employeur.

Ces deux matières, droit des affaires et droit du travail, sont essentielles. Elles assurent une part majeure des règles qui gouvernent l'activité professionnelle de chacun d'entre nous en termes de choix : si je crée demain une société pour exercer le métier d'avocat, quelle société vais-je choisir, quels seront les coûts sociaux et fiscaux, comment gérer mon personnel, selon quel type de rapport juridique ?, etc. C'est aussi l'ensemble des règles qui assurent l'activité économique de notre pays, de la qualité de ses échanges, c'est-à-dire des contrats internationaux conclus soit pour acheter soit pour vendre à des opérateurs étrangers. Ce faisant, ce sont les règles qui sont le plus à même de s'intégrer dans un processus assez nouveau, celui de la concurrence des droits. L'exemple du droit social est particulièrement topique. Un droit social très protecteur, celui des modèles rhénans, français, toscans ou scandinaves, assure un confort acceptable de tous dans une logique de croissance. Dans une logique de stagnation, voire de décroissance, et face à la concurrence de pays qui disposent d'une forme d'activité concurrente et de droits sociaux moins élaborés et moins protecteurs, la logique du libre-échange conduit inéluctablement aux délocalisations. Dans un modèle économique parfait, les délocalisations sont un fait social admissible : elles procurent du travail à des populations pauvres, assurent leur enrichissement, qui profite aux pays riches qui produisent avec une plus forte valeur ajoutée, leur émancipation et finalement leur liberté. C'est le modèle libéral du doux commerce de la philosophie anglaise du XVIIe siècle. Jusqu'au moment où cela fonctionne moins bien comme pour la France, victime de délocalisations massives : transport des marchandises dans des conditions sûres, rapides et peu onéreuses, facilité d'installation à l'étranger, faible retour de l'enrichissement d'autrui, *dumping* social, fiscal, et environnemental, évanouissement des profits dans des paradis fiscaux ou des places financières non françaises (New York, Londres, Dubaï, etc.). Ce qu'on appelle pudiquement « la crise » repose sur cet ensemble de facteurs économiques et sociaux, et appelle une réponse juridique, essentiellement communautaire et ce faisant, pour des raisons déjà dites, non françaises. Le droit ne peut pas tout, dit-on souvent. Pourtant, le droit communautaire, le droit américain, le droit financier international peuvent tout.

Le **droit pénal** est cet ensemble de règles, celles du *droit pénal général*, celles du *droit pénal spécial*, celles de la *procédure pénale*, qui assure la sanction des infractions. C'est évidemment une question essentielle qui pose, ici encore, la question de la compréhension du système juridique et judiciaire : quelles sont les garanties de la défense, quels sont les pouvoirs de la partie poursuivante (le procureur en France), quels sont les droits de victimes (simples « parties civiles » dans le procès pénal), quel est le rôle du juge d'instruction, le tout au service d'une recherche de la vérité encore plus essentielle qu'en matière civile, mais également d'une efficacité de la poursuite pénale (quel est le rôle de la peine pénale, quels sont les types admissibles de peines pénales, comment décide le juge pénal) mais également de moyens et donc de budget.

Le **droit international privé** régit les rapports entre les personnes dès lors qu'un élément d'extranéité intervient ; il englobe le droit du commerce international (à moins que ce ne soit du droit des affaires...), le droit de la nationalité. C'est, là encore, un mécanisme essentiel qui répond à des questions très simples : un contrat conclu entre un Français et un Italien est régi par quel système juridique, jugé par quel système judiciaire selon la méthode dite des conflits de lois et de juridictions ? Parfois, les questions sont plus complexes et plus essentielles. Appliquera-t-on le principe de l'ordre public français ou, plus sûrement, l'*effet atténué de l'ordre public* ? De même, deux époux souhaitent obtenir une maternité de substitution par un contrat conclu en Californie avec une « mère porteuse locale : ce contrat sera-t-il validé en France ? Comment gérer le conflit de jugements par exemple, à l'instar de l'affaire de l'enlèvement de la petite fille d'Arles sous les yeux de son père, entre le jugement français de divorce attribuant la garde au père en France alors que la mère est russe et a obtenu la garde de l'enfant par un juge russe ?

Le **droit processuel**, ou droit judiciaire privé ou procédure civile, révèle les conditions de l'accès aux juridictions en cas de litige, accompagné des voies d'exécution et des procédures spéciales (prud'homale, commerciale, fiscale...). Une nouvelle fois un droit fondamental. Quelle est la place du juge ? Doit-il s'en tenir aux preuves et aux prétentions des parties (c'est-à-dire s'en remettre finalement à celui qui est le plus prudent, le plus diligent) au nom d'un principe de sécurité et de prudence (qui assure une forme d'assujettissement du plus faible au plus fort, du plus pauvre au plus riche, du moins éduqué au mieux instruit, etc.), ou bien le juge peut-il, même en matière civile empiéter sur le rôle de parties et *instruire* le procès, au nom d'un principe de vérité et de justice ?

Tout ceci est cependant très imparfait et l'on peine à classer le droit des assurances, le droit de la construction, le droit de la propriété intellectuelle, le droit de l'Internet, le droit de la santé, le droit de la consommation, le droit de l'informatique, etc., dans ces classements souvent obsolètes. À moins que tout classement soit vain.

79. – Prépondérance du droit civil ? Cette confusion et ces approximations résultent de la très grande prépondérance, en droit privé, du droit civil, en raison du caractère accessoire du droit commercial reconnu dès 1804, mais aussi parce que le droit civil intéresse les questions les plus importantes, suppose-t-on. Peut-être aussi parce que le Code civil est le seul code véritablement napoléonien, « la Constitution civile des Français », l'héritage à la fois des idéaux de la Révolution, de l'histoire du droit d'Ancien Régime et un code à vocation universaliste, fabriqué pour s'appliquer en France et au monde, une bénédiction *urbi et orbi* civile.

Le droit civil est à la fois le droit des personnes et celui des activités essentielles de celles-ci. Ainsi, le droit des obligations ou le droit des biens ne distinguent pas selon que ses utilisateurs sont des commerçants, des professionnels ou non. Or, le besoin de droit peut être très différent, en terme de sécurité, de protection ou de rapidité selon que l'on est professionnel ou particulier. Le droit civil est alors considéré comme le droit commun du droit privé, que renforcent encore la présence et la cohérence du Code civil, comparé aux autres branches du droit privé, droits d'exception. Nostalgie, là encore, bien compréhensible, mais nostalgie tout de même, si l'on veut bien admettre qu'on présente en général le droit civil comme stable en ce sens que le Code civil n'aurait pratiquement pas évolué depuis 1804, sauf quelques rafistolages ou quelques évolutions nécessaires et harmonieuses (les réformes du droit de la famille) comme on aménage ou répare l'Arc de Triomphe. Une observation plus attentive montre qu'il n'en est rien : au droit des personnes s'est ajouté le Code de la santé publique avec la question de la personne comme objet de droit et un prolongement dans les articles 16-1 et suivants du Code civil ; au droit de la famille s'ajoute le Code de l'action sociale et des familles ; au droit des biens, immuable, le Code de l'urbanisme et le Code de la construction ; au droit des contrats, le Code de la consommation ; des lois éparses dans le Code de commerce et surtout l'immense volume des décisions de jurisprudence qui fonde un nouveau droit, celui des contrats d'affaires, etc.

Au terme de cette présentation, il demeure que le droit civil, droit commun du droit privé, est son élément moteur, prétend-on souvent, surtout lorsqu'on est soi-même un civiliste ou un privatiste.

Ce n'est pas exact. Le droit civil est peut-être cependant le droit le plus stable, le moins invariant, et encore, ceci dit avec beaucoup de relativité et de précaution. Un contrat sera toujours un contrat, certes. Mais la façon de l'interpréter, de le rédiger n'a rien à voir, aujourd'hui, avec ce qu'il en était en 1804, en 1904, en 1944. Une famille sera toujours une famille, un enfant un enfant, etc. Mais que d'évolutions en la matière ! Le Code civil assurait au mari la puissance paternelle, jusqu'en 1942, la femme était considérée comme incapable majeure, et l'évolution vers l'égalité entre homme et femme dans la famille s'est achevée en 1985. Les enfants étaient distingués selon qu'ils étaient des enfants légitimes (nés d'un mariage) ou naturels (nés hors mariage, les enfants du pêché) jusqu'en 2005 avec une évolution en 1972. Jusqu'en 1975, le seul divorce possible était le divorce pour faute ; depuis 2004, on divorce plus vite qu'on ne change de voiture. La question du droit des successions est devenue une question marginale avec l'allongement de la vie : on n'hérite plus de ses parents de la même façon qu'il y a encore cinquante ans, alors qu'ils vivront jusqu'à quatre-vingts ans et plus et qu'on a soi-même plus de soixante ans. L'allongement de la vie pose la question du sort des personnes âgées, de l'explosion de la pauvreté des seniors, de la maladie d'Alzheimer et finalement de la maigreur des pensions de retraite, face au rétrécissement des liens familiaux et de la solidarité familiale, au coût d'une place dans une maison de retraite.

Une brève présentation, non des règles, mais du squelette du droit civil, son architecture principale, peut être proposée à travers deux des principales distinctions que l'on rencontre en droit privé, mais avec la perspective de ces évolutions en cours ou à venir, c'est-à-dire de la conscience du poids plus important aujourd'hui qu'hier des facteurs économiques, sociaux, politiques dans la compréhension des règles du droit civil.

Bibliographie

1) Ouvrages

– J.-L. Aubert, *Introduction générale au droit*, A. Colin, 2000, n°s 43 et s.

– R. Cabrillac, M.-A. Frison-Roche et Th. Revet, *Libertés et droits fondamentaux*, Dalloz, 2009.

– J. Carbonnier, *Grand droit et petit droit*, in *Flexible droit*, LGDJ, 2001, p. 59.

– J. Dabin, *Le droit subjectif*, Dalloz, 1952.

– L. Duguit, *Traité de droit constitutionnel*, t. 1, Fontemoing, 1927.

– J. Ghestin, G. Goubeaux et M. Fabre-Magnan, *Introduction générale*, LGDJ, 2000, n°s 175 et s., p. 127 et s.

– J. Halpérin, *Histoire du droit privé français depuis 1804*, PUF, 1996, n° 103.

– J. Hilaire, *Histoire du droit commercial*, PUF, 2002.

– R. von Jhering, *L'esprit du Droit Romain*, t. III, 1886.

– M. Miaille, *Introduction critique au droit privé*, Maspéro, 1974, p. 182.

– P. Roubier, *Droits subjectifs et situations juridiques*, Dalloz, 1963.

2) Articles

– F. Grua, *Les divisions du droit : RTD civ.* 1993, p. 59.

– H. Mazeaud, *Défense du droit privé : D.* 1946, p. 17.

– J. Rivero, *Droit public et droit privé, conquête ou statu quo ? : D.* 1947, p. 69.

– R. Savatier, *Droit privé et droit public : D.* 1946, p. 25.

SECTION 2

UNE DISTINCTION MAJEURE : LES SUJETS ET LES OBJETS DE DROIT

80. – Les personnes et les choses. La principale distinction du droit privé oppose les personnes et les choses, les personnes et les biens. Les personnes, dont la définition est moins aisée qu'il y paraît, sont les sujets des droits subjectifs (Sous-section 1) alors que les choses sont les objets sur lesquels portent ces droits subjectifs (Sous-section 2).

SOUS-SECTION 1

LES PERSONNES : LES SUJETS DE DROIT

81. – L'homme : chose ou personne ? L'histoire montre que la notion juridique de personne n'est pas aussi facile à déterminer qu'il n'y paraît. L'esclave fut longtemps considéré comme une chose ; certains lobbies et juristes cherchent à personnifier l'animal (V. *infra*, notamment, J.-P. Marguénaud) ; un débat repose aujourd'hui sur la nature juridique de l'embryon ; chacun se souvient de la fameuse *Controverse de Valladolid* magnifiquement mise en scène par Jean-Claude Carrière, visant à vérifier si les Indiens disposaient ou non d'une âme. Classiquement on oppose la personnalité juridique des personnes physiques (§ 1) et celle des groupements de personnes et de biens, les personnes morales (§ 2).

§ 1. – Les personnes physiques

82. – Personnalité juridique. Les personnes physiques sont les êtres humains ; elles sont les principaux sujets des droits subjectifs. Le droit n'existe que pour organiser la vie des hommes. Toute personne se voit reconnaître la **personnalité juridique**, qui est la capacité de disposer de droits et de les exercer : contracter, acheter, vendre, administrer ses biens, se marier... et surtout exercer ces droits en justice.

Toute personne dispose de la pleine **capacité juridique**, qui signifie qu'une personne dispose de la possibilité d'être propriétaire de droits, de jouir de ces droits et d'ester en justice pour les défendre, c'est-à-dire de s'adonner au *commerce juridique*, lequel est réservé aux personnes et a pour objet des non-personnes (des choses).

À titre d'exception, une **incapacité juridique** peut être reconnue. C'est le cas, par principe, du mineur, jusqu'à sa majorité, c'est le cas des *incapables majeurs* qui bénéficient de techniques de protection, d'assistance ou de représentation (sauvegarde de justice, curatelle, tutelle, mandat sous protection future), dans des conditions garanties par la loi et le juge.

La personnalité juridique commence à la **naissance** de l'homme. Avant la naissance, la question pose difficulté. Les lois sur la bioéthique du 29 juillet 1994, réformées en 2004, ont réglementé les conditions de l'intervention des médecins sur les embryons humains, voire sur les paillettes de sperme congelé. Mais ces lois n'ont pas résolu la question fondamentale de savoir si le fœtus, l'embryon, l'ovule ou le spermatozoïde étaient une chose ou une personne. La réponse intéresse la conscience des hommes et le droit, de l'avortement, de la contraception, du don d'organes, de sperme, de la fécondation *in vitro*... ou demain du clonage à des fins thérapeutiques ou, plus horriblement encore, de constitution de « stocks » d'organes.

Par ailleurs, le Code civil présume que l'enfant, même s'il n'est pas encore né et est simplement conçu, peut être considéré, dans son intérêt, comme né et donc doué de la personnalité juridique (C. civ., art. 725, *infans conceptus pro nato habetur*...), par exemple pour recueillir un héritage.

La personnalité juridique s'achève avec la **mort**, naturelle. Au siècle dernier, les condamnés à de lourdes peines, pouvaient être déchus de leur personnalité ; on parlait de « mort civile ».

Une difficulté subsiste lorsqu'une personne disparaît. Le Code civil connaît un régime différent selon que la personne disparaît ou est absente. La personne peut *disparaître* « dans des circonstances de nature à mettre sa vie en danger, lorsque son corps n'a pu être retrouvé » (C. civ., art. 88). Une déclaration judiciaire de décès peut, alors, constater la fin de la personnalité du disparu. En cas d'*absence*, lorsqu'une personne disparaît en dehors de ces circonstances tragiques, mais qu'il est impossible de savoir si la personne est vivante ou morte, la fin de la personnalité découlera d'un jugement déclaratif d'absence après un certain délai, de dix ou vingt ans selon les cas.

83. – Identification de la personne. Toute personne est identifiée par certains éléments d'identification, nationalité, nom, prénom, domicile et les actes de l'état civil qui lui permettent efficacement d'exercer ses droits. Toutes les personnes peuvent, en principe, exercer leurs droits sauf les incapables, mineur ou majeur, dans un souci de protection.

84. – Protection de la personne et droit de la personne humaine. Le droit contemporain des personnes associe désormais deux réalités.

Une première réalité, classique, est celle que nous venons de décrier. Elle s'intéresse à la personne juridique, identifiée à la personnalité juridique, laquelle identifie une conception abstraite, détachée de la personne humaine, et qui peut s'attacher à des entités non humaines (société, association, collectivité ou établissement public, organisation, internationale, etc.) et aux questions de protection de la personne notamment à travers la question de la capacité juridique et des incapacités, des mineurs et des majeurs.

Une seconde approche, beaucoup plus profonde, s'attache à la personne prise comme substance, comme réalité cellulaire, et pose la question de la considération juridique de la personne humaine, du corps humain, des éléments et des produits du corps humain, notamment depuis la loi bioéthique de 1994 révisée en 2004. L'intérêt est d'une part de lever le voile sur ce tabou juridique : le corps humain entré dans le champ du droit civil, par la grande porte, d'ailleurs, un chapitre intitulé « Du respect du corps humain » étant intégré depuis 1994 dans le Code civil, et d'autre part, de poser les questions du rapport juridique d'une personne sur son corps et donc, celle de l'appréhension juridique du corps humain. Relève-t-il du champ de la personne (donc des non-choses), des droits de la personnalité, ou bien doit-on, assez logiquement et en suivant les travaux essentiels de chercheurs récents, synthétisés notamment par Frédéric Zenati et Thierry Revet (V. *infra* ; *adde* P. Murat ; X. Bioy), penser que la personne juridique dispose de droits sur la personne humaine, alors considérée comme objet de droit et, allant plus loin comme une chose, mais une chose bizarre, extraordinaire, une *chose humaine* au régime particulier, qui me permettrait d'affirmer que *je* (personne physique) dispose d'un droit de propriété sur *ma* personne (personne humaine) ?

C'est au fond, l'idée cartésienne et celles des lumières anglaises, Hobbes, Locke, qui est à l'origine de cette considération avec l'invention de la souveraineté de l'homme sur lui-même qui rejaillit, aujourd'hui, en droit, alors que l'homme prend conscience de sa capacité divine à modeler l'être humain. La considération de la personne humaine en tant que substance, en tant que réalité cellulaire, chromosomique mais aussi pensante, cérébrale : une personne considérée comme telle, comme susceptible de démembrements, divisible en éléments et produits du corps humain, comme personne disposant d'une intimité, d'une image, etc., toutes questions radicalement différentes, et ignorées des règles du droit civil classique, sauf pour la question de la protection de la vie privée (C. civ., art. 9). Ce sont surtout les progrès de la science contemporaine, de la science biologique, médicale, génétique mais également les évolutions de la société de l'information, qui ont modifié l'approche faite sur la personne humaine, d'une part par une conscience du regard de l'homme sur son propre corps, sur sa vie, mais également de la convoitise sur ces éléments, la marchandisation du corps et des informations sur les personnes. Les règles sont aujourd'hui nombreuses et posent des difficultés de conscience ou politiques considérables : le don d'éléments du corps humain (sang, sperme, ovules, etc.), l'expérimentation sur le corps humain, les procréations médicalement assistées, les mères porteuses, l'IVG, les empreintes génétiques, l'euthanasie, le statut de l'embryon, etc.

L'ensemble forme tout à la fois des règles qui assurent un droit du corps humain et une méthode de protection du corps humain, par l'affirmation de quelques grands principes ou règles, comme celui de **l'intégrité du corps humain**. Il fonde en droit pénal les infractions contre les personnes, les crimes de guerre ou contre l'humanité mais aussi les règles de responsabilité sur la réparation du préjudice corporel. Cette protection est également assurée par le droit civil, depuis notamment les lois sur la bioéthique du 29 juillet 1994 réformée en 2004. Elles ont modifié le Code civil en introduisant les articles 16-1 et suivants qui connaissent désormais les règles qui affirment et déclinent ce principe. Le **principe d'indisponibilité du corps humain** (C. civ., art. 16-1 et 16-5) permet l'annulation de toutes les conventions qui auraient pour objet de donner une valeur patrimoniale au corps humain ou à ses composantes : vente d'organes, de sang..., conventions de mère porteuse (Cass. ass. plén., 31 mai 1991 : *D.* 1991, p. 417, note B. Thouvenin ; *JCP* G 1991, II, 21752, note F. Terré et C. civ., art. 16-7).

Le **principe d'indisponibilité de l'état des personnes** a été à l'origine des décisions de la Cour de cassation en matière de *transsexualisme*, opération qui était sans conséquence sur l'état civil d'une personne ayant changé de sexe jusqu'à un arrêt de l'assemblée plénière de la Cour de cassation du 11 décembre 1992 (Cass. ass. plén., 11 déc. 1992 : *JCP* G 1993, II, 21991, concl. M. Jéol, note G. Mémeteau ; *RTD civ.* 1993, p. 97, obs. J. Hauser ; *Defrénois* 1993, art. 35505).

L'ensemble crée un corps de règles nouveau. Classiquement, on admet que le corps humain n'est pas dans la catégorie des biens, puisque la patrimonialité du corps est exclue. Il en résulte, en toute logique, que le corps relève de la catégorie des personnes. Le corps serait ainsi l'objet d'un droit de la personnalité ou bien, plus rapproché de la conception suivante, il serait une « chose commune » non susceptible d'appropriation. Cette considération devient cependant plus difficile à soutenir dès lors que le corps humain est entré dans le paysage juridique, comme c'est le cas depuis 1994 notamment. La personne ainsi envisagée, dans sa réalité physique, cellulaire, n'est pas la personne, sujet de droit, des règles classiques du Code civil, mais au contraire comme un *objet de droit*, aboutissant à cet apparent paradoxe que la personne juridique dispose ainsi de droits sur sa personne humaine : « chacun à droit au respect de son corps » proclame ainsi l'article 16-1, alinéa 1 du Code civil. Chacun, c'est-à-dire toute personne juridique, dispose d'un droit, subjectif, par exemple le droit au respect, qui porte sur cet objet de droit qu'est le corps (V. *infra*, F. Zenati et Th. Revet, *op. cit.*, qui considèrent que ce droit est un droit de propriété. – *Adde*, V. *infra*, E. Bayer).

§ 2. – Les personnes morales

85. – Théorie de la personnalité morale. Les personnes physiques éprouvent parfois le besoin de rassembler des moyens pour exercer une activité, par exemple la réunion de moyens financiers pour exploiter, en société, une activité professionnelle, *via* une société (réaliser et partager des bénéfices ou, plus modestement, de faire des économies, V. C. civ., art. 1832) ou pour exercer une activité non professionnelle, associative par exemple.

Un tel groupement de biens et de personnes peut avoir intérêt à être distingué des personnes physiques qui le composent *comme si* il avait une existence propre, un patrimoine propre, des droits propres, distincts de ceux des personnes qui ont formé ce groupement. Telle est la *théorie de la personnalité morale* qui permet de reconnaître à une société, une association, un syndicat, la **personnalité juridique**, c'est-à-dire un patrimoine propre, un nom, une nationalité, des droits, des obligations, une organisation interne définie par les statuts, et, surtout, des représentants (personnes physiques nécessairement).

Une association ou une société est d'abord un contrat entre ses fondateurs, ses associés : en ce sens, aucune personne juridique nouvelle n'est créée par ce contrat. Cette association ou cette société obtient ensuite la personnalité juridique qui en fait une personne, morale, distincte de la personnalité de ses membres. Elle présente des degrés variables : par exemple, une association ne dispose pas d'une personnalité juridique complète (comme une société) sauf si elle est reconnue d'utilité publique. Par ailleurs, le *principe de spécialité des personnes morales* limite la capacité des personnes morales aux seuls actes ayant un rapport avec leur objet social.

Doit-on considérer que cette personne morale est une fiction ou une réalité ?

– Selon une première thèse, la personne morale est une *fiction* inventée par la loi : seule la loi reconnaît la personnalité juridique de certains groupements limitativement déterminés, société, syndicat, association… et organise une procédure particulière d'attribution de la personnalité morale.

– Selon la seconde, elle est au contraire une *réalité* qu'il suffit de constater ; la personnalité juridique d'un groupement ne dépend pas de la loi mais de la nature du groupement. Dès lors, si certaines conditions sont rassemblées, le groupement obtient automatiquement la personnalité morale.

Cette question est discutée. Pourtant, la jurisprudence admit en 1954 que la personnalité juridique peut être reconnue à un groupement auquel la loi n'a pas reconnu la personnalité juridique s'il est « pourvu d'une possibilité d'expression collective pour la défense d'intérêts licites, dignes par suite d'être reconnus et protégés par la loi », et différents de ceux de ses membres (Cass. 2e civ., 28 janv. 1954 : *D.* 1954, p. 217, note L. Levasseur ; *JCP* 1954, II, 7978, concl. Lemoine ; *Dr. soc.* 1954, p. 161, note Durand. – F. Terré et Y. Lequette, *Les grands arrêts de la jurisprudence civile*, Dalloz, n° 15 : il s'agissait en l'espèce d'un comité d'entreprise), paraissant ainsi conforter la thèse de la réalité de la personne morale. Inversement, les règles du droit des sociétés ou du droit des associations insistent sur la nécessité d'un acte juridique, « l'immatriculation », pour que la société ou l'association obtienne une personnalité juridique distincte de celle de ses membres.

Les personnes morales sont très diverses. Elles peuvent être à but non lucratif (ce qui ne signifie pas que ces organisations ne fassent pas de profit, mais que ce profit ne puisse être réparti entre ses membres), comme les associations, les syndicats ou les partis politiques, ou à but lucratif, comme les sociétés, civiles ou commerciales ; elles peuvent être de droit privé (associations, sociétés…) ou de droit public (État, collectivités territoriales, établissements publics), ou mixtes (sociétés d'économie mixte).

SOUS-SECTION 2

LES CHOSES : L'OBJET DES DROITS

86. – Présentation. Bien souvent objets des droits subjectifs, les choses sont ordinairement comprises comme les biens corporels, palpables, tangibles. La réalité juridique est beaucoup plus large (V. *infra*, J.-B. Seube).

Ainsi, les choses sont tous les objets matériels ou immatériels qui sont d'abord classés en meubles et immeubles (§ 1) ou selon d'autres classifications (§ 2).

§ 1. – La distinction des biens meubles et immeubles

87. – Intérêt de la distinction. En droit romain, la distinction entre meubles et immeubles reposait sur un critère tenant à la possibilité ou non de déplacer les choses. Sous l'Ancien droit, c'était essentiellement la valeur d'une chose qui correspondait à cette distinction. On distinguait alors les choses selon leur valeur, les *res mancipi*, de forte valeur, et les *res nec mancipi*, de piètre valeur (pour résumer une distinction plus complexe), distinction qui ne recouvrait pas exactement celle des meubles et des immeubles. Cette dernière distinction s'est peu à peu affirmée, jusqu'à ce que l'article 516 du Code civil la proclame formellement : « les choses sont meubles ou immeubles ». Les meubles n'avaient cependant guère de valeur et n'étaient pas ou peu considérés : *res mobilis, res vilis* disait-on. Le Code civil leur prête d'ailleurs peu d'attention. Aujourd'hui, la situation a changé avec l'émergence des fortunes mobilières fondées sur les droits sociaux (les actions ou obligations), les brevets, les marques, les droits d'auteur, les fonds de commerce, les créances... en sorte que ces meubles ont été plus heureusement considérés.

Mais on peut se demander s'il n'en résulte pas le retour à la distinction romaine entre *res mancipi* et *res nec mancipi*. Par exemple, les règles des régimes matrimoniaux accordent généralement autant d'importance aux immeubles et à ces meubles importants, au détriment des autres meubles. Quel intérêt y a-t-il à procéder à une telle distinction entre meuble et immeuble ? En termes de procédure, la juridiction compétente est, en matière mobilière, celle du domicile du défendeur et, en matière immobilière, celle du lieu où est situé l'immeuble. Les aliénations d'immeubles sont soumises à publicité, pas les aliénations mobilières. Mais, surtout, les meubles susceptibles de possession deviennent la propriété immédiate de leur possesseur : *en fait de meuble, possession vaut titre*, en vertu de l'article 2279 du Code civil. En matière immobilière, la possession fait également acquérir la propriété mais après un délai de dix ou vingt ans (C. civ., art. 2265).

A. – Les meubles

88. – Meubles par nature. Plusieurs catégories de meubles peuvent être distinguées. Parmi eux, les meubles par nature sont les plus importants. Ce sont les objets, les choses qui peuvent se transporter d'un endroit à un autre, en se mouvant par elles-mêmes, comme un animal, ou se mouvant à l'aide d'une force étrangère, une voiture, un bateau, des meubles meublants... (C. civ., art. 528).

89. – Meubles par anticipation. Ce sont des meubles par nature ou plutôt ce seront bientôt des meubles par nature. Tel est le cas d'une récolte encore sur pied. Il s'agit d'un immeuble car elle est rattachée au sol mais dès qu'elle sera coupée elle sera un meuble. Or, si quelqu'un achète une telle récolte sur pied, il l'envisage comme si elle était déjà coupée ; il l'envisage donc comme la somme de choses séparées de la terre, *comme* un meuble ; c'est un meuble par anticipation.

90. – Meubles par détermination de la loi. Ce sont des choses dont on ne peut *a priori* connaître la nature, meuble ou immeuble, et la loi tranche. Si, aux termes de l'article 516 du Code civil, les choses sont meubles ou immeubles, certains meubles posent difficultés. Il convient, alors de choisir dans l'alternative de l'article 516 dudit code ; mais selon quels critères ?

Il s'agit, par exemple, des **biens meubles incorporels**, la clientèle d'un fonds de commerce, une œuvre artistique, une invention, une marque, des actions ou des parts de société, mais aussi un secret, une information, des actifs financiers. Il s'agit là des biens meubles qui ont la plus grande valeur, bien plus que les immeubles.

C'est d'ailleurs en partie pour cette raison que ces meubles incorporels font l'objet de règles particulières, alourdissant par exemple les conditions de leur cession. Ces biens ne sont ni des meubles ni des immeubles par nature et l'on se perdrait en débats infinis à déterminer leur nature d'après leur régime. Aussi, la loi tranche. L'alternative de l'article 516 du Code civil est présentée de façon incomplète : dans une telle *summa divisio* il faut déterminer une catégorie ouverte, les meubles, et une catégorie fermée, les immeubles. L'article 516 devient : les choses sont meubles si elles ne sont pas immeubles. La catégorie englobe aussi, par une assimilation entre les droits et les choses sur lesquels portent ces droits, certains droits sur les choses mobilières, les usufruits mobiliers, les indivisions mobilières... ainsi que les actions en justice portant sur un meuble.

B. – Les immeubles

91. – Immeubles par nature. La catégorie des immeubles est également hétéroclite, bien qu'il s'agisse de la catégorie fermée de la distinction entre les choses. Les immeubles par nature sont les biens qui ne peuvent ni se déplacer ni être déplacés. Il s'agit du fonds de terre, le sol et le sous-sol. Il s'agit aussi de tout ce qui est fixé au sol : les bâtiments et toutes constructions fixées au sol, les végétaux, les arbres et leurs fruits tant qu'ils sont attachés à l'arbre.

92. – Immeubles par destination. Ils sont au départ des meubles par nature. Ils sont cependant considérés comme des immeubles parce que leur propriétaire les a attachés, au sens matériel du terme, à un immeuble et les a affectés volontairement ou économiquement à cet immeuble qui lui appartient. Est par exemple un immeuble par destination un parquet ou les tapisseries, les boiseries d'un mur pour autant que ces meubles soient attachés à « perpétuelle demeure ». Mais sont aussi des immeubles par destination les meubles nécessaires à l'exploitation d'une ferme, les animaux attachés à la culture, les outils aratoires, les tracteurs, les semences données au fermier, les lapins de garenne, les pigeons des colombiers, les ruches et les abeilles... (C. civ., art. 524). Il peut aussi s'agir des meubles nécessaires à une exploitation industrielle, les machines-outils, les camions, tout le matériel de production.

93. – Immeubles par l'objet auxquels ils s'appliquent. Il s'agit des droits portant sur un immeuble, l'usufruit d'un immeuble, les servitudes immobilières, les actions en revendication d'un immeuble, et tous les droits réels et actions réelles portant sur un immeuble, qui sont considérés comme des droits de caractère immobilier, et sont donc soumis au régime des immeubles, parce qu'ils portent sur des immeubles.

§ 2. – Les autres distinctions des choses

94. – Diversité. D'autres classifications entre les choses existent, diversifiées en raison des intérêts différents de procéder à ces distinctions.

Ainsi, on peut distinguer les **choses appropriées** et les **choses sans maîtres**, comme le gibier ou les trésors, ou les **choses communes** qui ne peuvent être appropriées, comme l'air ou l'eau.

On peut encore distinguer les **choses fongibles**, les choses de genre et les **choses non fongibles**, les corps certains. Les choses fongibles ou choses de genre sont interchangeables entre elles : par exemple un litre d'huile dans un silo en contenant plusieurs milliers, une bouteille de vin dans une cave à vin. Les corps certains ou choses non fongibles au contraire sont *individualisés* et ne peuvent être remplacés par une autre chose, une maison ou une marchandise lorsqu'elle est séparée des autres marchandises, par exemple un litre d'huile acheté dans un silo une fois que ce litre est tiré et mesuré. Le transfert de propriété de ces choses se déroule à des moments différents. Seule la propriété d'un corps certain peut être transférée ; par conséquent, le transfert de propriété s'effectue au moment de la formation de la vente pour un corps certain mais il est retardé pour une chose de genre au moment où la chose sera individualisée, moment où la chose deviendra un corps certain.

De façon voisine, on distingue les **choses consomptibles** qui se détruisent par le premier usage, comme la nourriture ou les matières premières, et les **choses non consomptibles** qui admettent un usage prolongé. Seules les secondes peuvent être louées, déposées, prêtées puisque seules les secondes peuvent être restituées.

On distingue enfin les **choses frugifères** et les *choses productives*. Certaines choses fournissent en effet des *fruits*. Il s'agit de ce qu'une chose fournit périodiquement et sans l'altérer. Certains fruits sont dits *naturels* comme les fruits d'un arbre ; d'autres sont *industriels*, obtenus grâce au travail d'un homme, comme des récoltes ; d'autres encore sont *civils*, comme les loyers d'une maison ou les revenus d'un placement mobilier. À l'inverse, les *produits* sont fournis par une chose sans périodicité ou en altérant la chose, comme une coupe de bois ou l'extraction d'une carrière. L'intérêt de cette distinction se révèle par exemple dans le régime de la possession : le possesseur de bonne foi ne doit pas rendre au propriétaire les fruits mais il doit rendre les produits (C. civ., art. 549).

On pourrait ajouter également, dans cet ensemble bigarré, les choses animales, auxquelles la loi reconnaît, depuis 2015, un caractère particulier, le caractère sensible de l'animal dans le Code civil, question qui s'inscrit dans le débat visant soit à considérer, comme c'était le cas jusqu'à présent, l'animal comme un bien meuble ordinaire, soit au contraire comme une personne juridique, ce que certains pays étrangers reconnaissent pour des animaux particuliers, soit comme une catégorie tierce, ni chose ni personne.

Bibliographie

1) *Ouvrages*

– E. Bayer, *Les choses humaines*, thèse Toulouse, 2003.

– X. Bioy, *Le concept de personne humaine en droit public*, Dalloz, 2003.

– J.-P. Marguénaud, *L'animal en droit privé*, thèse Limoges, 1987.

– J.-B. Seube, *Droit des biens*, Litec, coll. « Objectif Droit », 4e éd. 2010.

– F. Zenati et Th. Revet, *Droit des personnes*, PUF, 2e éd. 2011.

2) *Articles*

– R. Libchaber, *Perspectives sur la situation juridique de l'animal* : *RTD civ.* 2001, p. 239 ; *La souffrance et les droits, à propos d'un statut juridique de l'animal* : *D.* 2014, chron. p. 380.

– D. Mainguy, *Ranger l'homme en droit animal*, *in* E. de Mari et D. Taurisson-Mouret (ss dir.), *L'impact de la norme en milieu contraint, exemples de droit colonial et analogies contemporaines*, « *Ranger l'animal* », éd. Victoire, 2014, p. 148.

– J.-P. Marguénaud, *La personnalité juridique des animaux* : *D.* 1998, chron. p. 205 ; *La protection du lien d'affection envers un animal* : *D.* 2004, chron. p. 3009 ; *Droit des animaux : on en fait trop ou trop peu* : *D.* 2010, chron. p. 816.

– P. Murat, *Réflexions sur la distinction être humain et personne juridique* : *Dr. famille* 1997, chron. 9.

CHAPITRE 3

L'EXEMPLE DU CAS PRATIQUE

Présentation

Le cas pratique est un des principaux exercices juridiques. Il permet d'appliquer ses connaissances à un exemple concret et précis.

Cette séance de travaux dirigés est tirée de :

Pascal Ancel, Olivier Gout et Ingrid Maria, *Travaux dirigés, Introduction au droit et droit civil*, coll. « Objectif Droit – TD », LexisNexis, 4e éd., sept. 2017.

L'IDENTIFICATION DES PERSONNES

Nous vous proposons ici de vous initier à la résolution d'un cas pratique.

De quoi s'agit-il ?

Dans ce type d'exercice, le juriste est confronté à une situation de fait, qui suscite un problème juridique. Le travail va consister à **rechercher les règles de droit qui régissent une telle situation** et à **les appliquer au cas, pour en déduire la solution**.

La résolution de cas constitue l'activité essentielle de tous les juristes, même si elle se présente sous des formes professionnelles diverses. C'est de toute évidence ce que fait le juge chargé de régler un litige : il dit le droit applicable à une situation de fait. Mais c'est aussi ce que doit faire l'avocat consulté par le plaideur sur ses chances de gagner un procès : il regarde si son client a tort ou a raison au regard des règles de droit qui régissent le cas. De même, le notaire qui rédige un contrat, ou qui procède au règlement d'une succession le fait en appliquant les règles de droit à la situation de ses clients. Le juriste d'entreprise qui est chargé d'assister les « commerciaux » lors de la négociation d'un contrat doit dire : attention, si vous insérez telle ou telle clause, les conséquences prévues par le droit sont celles-ci ou celles-là...

À travers ces différents exemples, vous devez déjà apercevoir que *le travail de résolution d'un cas, pour un juriste, peut se faire dans des optiques très diverses* : il peut être entrepris dans une optique objective, ou qui se veut comme telle (travail du juge), mais aussi de manière subjective, pour défendre les intérêts d'une personne (travail de l'avocat, du juriste d'entreprise...) ; par ailleurs, ce travail ne se fait pas nécessairement dans le cadre d'un procès, pour résoudre un litige ; il peut se faire aussi de manière préventive, pour éviter un litige ultérieur, ou pour faire en sorte qu'une personne, en cas de procès, se ménage la situation la plus avantageuse. Mais, au-delà de cette diversité d'approches (que nous réintroduirons dans les différents cas proposés lors des séances consacrées à cet exercice), *la méthodologie est fondamentalement la même*, et le but de cette séance est de vous en donner une première idée.

La résolution d'un cas pratique se fait en plusieurs étapes.

La première consiste à **rechercher la ou les règles de droit** qui sont susceptibles de donner la réponse au problème posé. Cette recherche – qui est sans doute l'aspect le plus délicat du travail – suppose que la situation de fait soumise au juriste soit rangée par lui dans une ou plusieurs catégories juridiques (un contrat, un fait générateur de responsabilité, un lien de filiation adoptive...) : c'est en cela que réside **l'opération de qualification**. Cette opération suppose naturellement un certain nombre de connaissances sur les catégories concernées, et une certaine intuition pour savoir y ranger la situation de fait. À partir de là, on pourra choisir, parmi l'éventail de règles qui s'appliquent à la catégorie considérée, la ou les règles qui seront utiles à la résolution du cas. Nous disons bien : la ou les règles, car si, dans certains cas, une seule règle suffira à donner la solution, le plus souvent il faudra combiner plusieurs règles pour aboutir au résultat. Par ailleurs, vous remarquez que nous parlons ici de « règles de droit » et non de lois ou de textes : la solution d'un cas ne se trouve pas toujours seulement dans les textes législatifs ou réglementaires ; très souvent, il sera nécessaire d'interpréter ou de compléter les textes. Dans certains cas, même, aucun texte ne donnera de réponse à la question posée. Il conviendra alors de recourir à la jurisprudence et, éventuellement, à la doctrine pour résoudre le cas. Mais il faut savoir que, en dehors des cas où il existe un débat sur une question donnée (et que ce débat n'a pas été clairement tranché par la loi ou la jurisprudence, ou l'a été dans un sens controversé), les références doctrinales sont, par hypothèse, superflues. Il ne faut jamais perdre de vue que, lorsque vous résolvez un cas pratique, vous devez raisonner comme le ferait un praticien du droit ; telle est la « philosophie » du cas pratique qui se différencie ainsi des autres exercices tels que le commentaire d'arrêt ou la dissertation.

Cette première étape ouvre généralement au juriste une importante marge de manœuvre : si, dans certains cas, la situation correspond, de manière évidente, à un texte bien identifié, le plus souvent, elle peut tomber sous le coup de qualifications multiples et, selon l'angle où on la regarde, on peut être conduit à des solutions très différentes. Tout l'art du juriste – et notamment du juriste qui défend les intérêts d'une partie – se déploie dans cette partie de la démarche.

La deuxième étape consiste, par un raisonnement de type déductif, à **appliquer effectivement la ou les règles au cas d'espèce**. Le raisonnement suivi est alors un raisonnement de type syllogistique tel que celui qu'on peut découvrir dans les décisions de justice[1]. On dira : *la règle de droit indique* que dans telle situation, tel effet juridique doit se produire ; *or en l'espèce* la situation prévue par la règle est constituée (ou, au contraire, n'est pas constituée) ; *donc*, l'effet prévu par la règle doit (ou ne doit pas) se produire. Là encore, vous ne devez pas croire qu'il s'agit d'un exercice purement mécanique, qui repose sur un raisonnement logique imparable conduisant à une solution inéluctable. Les difficultés d'interprétation d'un texte, les nuances ou les incertitudes d'une solution jurisprudentielle, le décalage fréquent entre la situation concrète et les concepts abstraits contenus dans la règle, ouvrent souvent de multiples possibilités d'argumentation au juriste. Aussi bien, la réponse qu'on peut donner à un cas pratique est rarement incontestable et **vous serez jugé plus sur votre capacité de raisonnement que sur l'exactitude du résultat auquel vous êtes parvenu**.

À côté de ces deux étapes qui sont de l'essence même de la résolution du cas pratique, il est conseillé, lors de la phase de rédaction, de **rappeler les faits** qui ont conduit à la ou les difficulté(s) juridique(s) qu'on vous soumet. Que les choses soient bien claires dans votre esprit, il n'est pas question de reprendre l'ensemble de l'énoncé du cas pratique. Ce serait une perte de temps, qui, on le sait, est toujours précieux lorsqu'on travaille dans des délais limités. Il convient plutôt de **procéder à un tri** entre l'ensemble des éléments factuels qui sont

(1) V. *supra*, 1re partie.

fournis, pour ne retenir que ceux qui permettront de résoudre le cas pratique à proprement parler. Afin d'illustrer cette idée on affirme parfois que, devant le juge, les parties apportent un cageot plein de matériaux divers, et mettent en exergue ceux qu'elles estiment nécessaires pour faire valoir leur cause. Mais il appartient au juge de retenir ceux qui lui seront utiles pour rendre sa décision.

Cette phase de sélection des faits peut parfois s'opérer en deux temps. Dans un premier temps, il convient de laisser de côté les faits exclusivement fournis pour décrire le contexte de la situation, pour lui donner corps en quelque sorte[2]. Autrement dit, il importe de « débroussailler le terrain ». On le fait d'ailleurs le plus souvent de manière intuitive à la lecture de l'énoncé du cas même si l'expérience montre que les étudiants connaissent parfois des difficultés pour opérer cette sélection. Une fois ce travail liminaire effectué, il est nécessaire, dans un second temps, de procéder à une autre tâche, consistant aussi à opérer une sélection entre les différents faits, mais qui est très différente de la première. Il s'agit de **sélectionner les faits pertinents**, c'est-à-dire ceux et seulement ceux qui présentent un intérêt pour identifier et résoudre le ou les problèmes juridiques que pose l'espèce. Ce second travail de sélection des faits doit en effet se faire en contemplation des difficultés juridiques qui doivent être traitées dans le cas pratique. Il faut donc partir du résultat recherché pour identifier, dans les faits de l'espèce, ceux pouvant permettre de parvenir à ce résultat. Ce travail ne peut donc être effectué qu'après que vous ayez pris le temps de réfléchir sur la façon dont vous allez résoudre le cas pratique. Autrement dit, cette sélection ne peut être entreprise que lorsque vous saurez précisément comment vous allez construire votre raisonnement juridique, les faits étant ici au service du droit. Pour illustrer cette idée, il suffit de penser à la tâche de l'avocat qui doit défendre les intérêts de son client. Au sein des éléments de fait qui lui ont été fournis, un avocat va volontairement sélectionner ceux lui permettant d'aboutir au résultat recherché par le client qui le consulte.

Ainsi, pour nous résumer, vous devez, lors de la phase de rédaction du cas pratique, relever les faits pertinents. Il s'agit de ceux qui permettront de mobiliser les règles de droit adéquates pour résoudre le cas pratique. Dans les

(2) À ce stade il faut toujours accorder une attention particulière aux dates qui sont communiquées dans les cas pratiques. L'action en justice doit parfois être introduite dans des délais spéciaux dérogeant au droit commun.

exemples qui suivront, cette phase de sélection des faits pertinents précédera les deux étapes de la résolution du cas pratique (la recherche des règles de droit applicables, et l'application des règles au cas d'espèce). Notre objectif est en effet de vous montrer comment vous devez rédiger votre cas pratique. Mais ayez toujours à l'esprit l'idée que le rappel des faits n'est concevable qu'une fois que vous saurez à quel résultat vous souhaitez parvenir.

Vous allez commencer à vous apercevoir de tout cela à travers les cas pratiques qui vous sont proposés sur la question de l'attribution du nom et du prénom. Nous allons, volontairement, partir d'un cas pratique élémentaire, où la solution est certaine, ce qui vous permettra de bien décomposer la démarche. Mais ensuite, en modifiant légèrement la situation de départ, nous introduirons plus de complexité et vous ferons découvrir la difficulté, inhérente à toute étude de cas, du passage du droit au fait, ainsi que les multiples possibilités d'argumentation qui se dissimulent derrière la plupart des questions de droit.

Pour vous permettre d'aborder la résolution des différents cas proposés dans de bonnes conditions, voici quelques indications sommaires sur le thème ici abordé. Et n'oubliez pas, par ailleurs, d'utiliser votre Code civil.

NOTIONS ESSENTIELLES SUR LE THÈME

L'identification des personnes est assurée essentiellement, à côté du sexe, par deux termes : le nom de famille, qui est un terme servant à désigner officiellement une personne physique, en fonction de l'appartenance à une famille ; le ou les prénoms qui distinguent l'individu au sein de sa famille.

I. – Le nom de famille

Le nom est, pour chaque individu, un signe de sa personnalité et de son appartenance familiale : c'est ce qu'on exprime en parlant d'un « droit au nom » ou d'un « droit de la personne sur son nom ». Nous verrons successivement les règles applicables à l'attribution du nom et au changement de nom.

A. – Attribution du nom

L'**attribution initiale du nom** est gouvernée par des règles qui sont étroitement liées à l'organisation familiale. Elle dépend en partie du lien de filiation qui unit l'enfant à ses parents (V. C. civ., art. 311-21 à 311-24).

1° Lorsque la filiation d'un enfant est établie à l'égard de ses deux parents, ces derniers choisissent le nom de famille qui sera dévolu à l'enfant. Il peut s'agir soit du nom du père, soit du nom de la mère, soit des deux noms accolés dans l'ordre choisi par eux dans la limite d'un nom de famille pour chacun d'eux. Les parents disposent alors d'un quadruple choix. Cette disposition joue aussi en cas d'adoption plénière de l'enfant (C. civ., art. 357). L'adoption simple est quant à elle soumise à des règles spécifiques (V. C. civ., art. 363 et s.) pouvant parfois rejoindre celle de l'adoption plénière (V. C. civ., art. 361 renvoyant à certaines dispositions de l'adoption plénière).

En l'absence de déclaration conjointe à l'officier de l'état civil mentionnant le choix du nom de l'enfant, celui-ci prend le nom de celui des parents à l'égard duquel sa filiation est établie en premier lieu et le nom de son père si sa filiation est établie simultanément à l'égard de l'un et de l'autre (C. civ., art. 311-21). En cas de désaccord entre les parents, signalé par l'un d'eux à l'officier de l'état civil, au plus tard au jour de la déclaration de naissance ou après la naissance, lors de l'établissement simultané de la filiation, l'enfant prend leurs deux noms, dans la limite du premier nom de famille pour chacun d'eux, accolés selon l'ordre alphabétique (C. civ., art. 311-21).

2° Lorsque la filiation n'est établie qu'à l'égard d'un parent, l'enfant prend le nom de ce parent (C. civ., art. 311-23, al. 1).

3° Si l'enfant n'a pas de filiation établie à sa naissance (c'est un enfant trouvé, ou non reconnu par ses parents), c'est l'officier d'état civil qui est chargé d'établir l'acte de naissance qui lui attribue un nom (C. civ., art. 57, al. 2). Il choisit trois prénoms dont le dernier tient lieu de nom de famille.

B. – Le changement de nom

Le changement de nom est exceptionnel

1° Il peut d'abord être lié à une **modification de la situation familiale**, changement dans le lien de filiation d'abord, mariage ensuite. Mais ici seule la première hypothèse nous intéresse :

– si un enfant dont la filiation est établie voit son père ou sa mère introduire une action en contestation de paternité ou de maternité, il va prendre le nom du parent à l'égard de qui sa filiation reste établie. Cette règle n'a toutefois rien d'automatique, car l'intérêt supérieur de l'enfant doit être pris en compte lorsque celui-ci est mineur (Cass. 1re civ., 17 mars 2010, n° 08-14.619) et son consentement doit être requis lorsqu'il est majeur (C. civ., art. 61-3, al. 2) ;

– si un enfant dont la filiation a été d'abord établie à l'égard d'un de ses parents (et qui donc porte le nom de celui-ci) voit ensuite son lien de filiation établi à l'égard de son deuxième parent, il pourra se voire attribuer le nom de famille du parent à l'égard duquel la filiation a été établie en second lieu, ou se voire accoler les deux noms de ses parents dans l'ordre choisi par eux, dans la limite d'un nom de famille pour chacun d'eux (C. civ., art. 311-23). Encore conviendra-t-il que les parents fassent une déclaration conjointe allant en ce sens devant l'officier de l'état civil.

2° Il peut tenir ensuite au souhait de faire disparaître un nom ridicule, odieux ou déshonorant ou alors à la volonté de franciser le nom de famille pour faciliter l'intégration dans la communauté nationale.

3° Il peut tenir enfin à la volonté d'éviter l'extinction du nom porté par un ascendant ou un collatéral (V. C. civ., art. 61, al. 2).

II. – Les prénoms

Les règles qui se rapportent au prénom sont beaucoup plus souples que celles qui ont trait au nom de famille.

L'**attribution des prénoms** a fait l'objet d'une réforme législative en 1993 (intégrée dans l'article 57 du Code civil). Auparavant, ne pouvaient être choisis comme prénoms que « les noms en usage dans les différents calendriers et ceux des personnages connus dans l'histoire ancienne ». Désormais, les parents ont en principe la liberté de choisir le prénom de leur enfant. Cependant, ce choix ne doit pas être contraire à l'intérêt de l'enfant (cette limite était déjà admise par la jurisprudence antérieure). S'il l'était, il pourrait être remis en cause par le juge aux affaires familiales.

La personne qui justifie d'un intérêt légitime peut demander à **changer de prénom**. Depuis la loi n° 2016-1547 du 18 novembre 2016, la demande est présentée à l'officier de l'état civil du lieu de résidence ou du lieu où l'acte de naissance a été dressé (C. civ., art. 60). Jusqu'au 1er janvier 2017, la procédure de changement de prénom était judiciaire

EXERCICES

I. – Cas pratique élémentaire

Nous allons travailler d'abord sur une situation de fait simple, à laquelle correspond un texte législatif précis et qui ne suscite pas de difficulté d'interprétation particulière. Comme vous en avez maintenant pris l'habitude, vous travaillez avec nous sur l'exemple commenté, puis vous essayez de faire sans aide l'exercice proposé.

Exemple commenté

Marie Ladouce, qui est célibataire, a accouché le 1er juillet 2017 d'une petite fille qu'elle prénomme Claudine. Le père de Claudine, Pierre Ledur, avec qui Marie a vécu en concubinage, l'a quittée en novembre 2016 en apprenant qu'elle était enceinte et depuis Marie n'en a plus aucune nouvelle. Quel nom de famille va porter Claudine ?

1° *L'étape n° 1* **(la sélection des faits pertinents)** n'est pas véritablement problématique. Il suffit de relever que : *Marie Ladouce, célibataire, a accouché d'un enfant, prénommé Claudine à un moment où elle vivait seule.*

2° *L'étape n° 2* **(la recherche de la ou des règles susceptibles de donner une réponse au problème)** ne suscite ici guère de difficulté non plus. Comme souvent dans les cas pratiques universitaires, la résolution du cas intervient dans le contexte d'un cours et se raccroche immédiatement aux connaissances que l'étudiant y a acquises. L'étudiant découvre dès lors sans avoir à effectuer de recherches particulières quel est le problème juridique posé, et il n'a qu'à relire son cours pour trouver les textes et/ou la jurisprudence qui y répondent. Ainsi, si vous essayez de résoudre ce cas immédiatement après avoir lu votre cours ou un manuel, ou tout simplement le résumé de la matière proposée ci-dessus, vous verrez spontanément que le problème posé en l'espèce est celui du nom de l'enfant dont la filiation n'est établie qu'à l'égard d'un parent, et que la solution de ce problème est donnée par les articles 311-21 et suivants du Code civil.

Mais ce contexte particulier risque de vous dissimuler la grande difficulté qu'il y a, très souvent, dans un cas pratique à qualifier juridiquement la situation donnée pour découvrir les règles qui s'y appliquent. Mettez-vous à la place d'un avocat à qui on pose la question alors qu'il ne l'a pas rencontrée depuis sa première année de droit, ou qui, peut-être, n'en a jamais entendu parler. Pour lui, la découverte des articles 311-21 et suivants du Code civil sera le résultat d'une certaine recherche intellectuelle et matérielle dont nous voudrions vous faire prendre conscience.

L'avocat va se dire : il s'agit ici de savoir quel nom porte un enfant. Il se souvient sans doute au minimum que les règles qui gouvernent l'attribution du nom dépendent en partie de la filiation de l'enfant. Il lui faudra donc, dans un premier temps, établir la filiation de l'enfant (où l'on voit déjà dans ce cas, *a priori* simple, l'imbrication des différentes règles de droit). Sachant que les parents ne sont pas mariés, il en déduira que la filiation de l'enfant à l'égard de ces deux parents n'a rien d'automatique, la présomption de paternité ne jouant que lorsqu'un enfant est conçu ou né pendant le mariage (C. civ., art. 312). Notre avocat conclura donc très vite que le problème ici posé est celui de l'attribution du nom dans une filiation qui n'est pas établie à l'égard des deux parents. Il aura donc, au terme d'une rapide recherche, fait rentrer la situation de fait (le nom de Claudine) dans une catégorie juridique.

À partir de là, il sera fort simple pour notre avocat, même s'il n'a pas sous la main de cours sur le nom, de trouver la ou les règles régissant cette question. Comme il sait que cette question relève du droit civil (encore une connaissance de base, évidemment), il cherchera s'il y a quelque chose dans le Code civil. La simple consultation de la table des matières le renverra aux articles 311-25 et suivants touchant aux règles de l'établissement de la filiation (s'il ne s'en souvient plus) et aux articles 311-21 et suivants consacrés aux règles de dévolution du nom de famille. Une rapide lecture de ces articles lui apprendra que la réponse qu'il cherche se trouve dans l'article 311-23, alinéa 1, relatif à l'attribution initiale du nom de l'enfant dont la filiation n'est établie qu'à l'égard d'un seul parent.

Cette démarche de recherche des règles applicables doit être résumée dans la réponse que vous allez formuler. Il serait malvenu de commencer directement en disant : « L'article 311-23, alinéa 1 dispose que... », sans expliquer pourquoi vous appliquez ce texte et pas un autre. Vous direz donc, par exemple :

Il s'agit ici de savoir quel nom porte, à sa naissance, un enfant né d'une mère célibataire vivant seule et qui n'a pas été reconnu par son père. Cette question est réglée dans le Code civil à l'article 311-23, alinéa 1.

3° On peut alors passer à *l'étape n° 3*, qui consiste à **appliquer la règle ainsi trouvée à la situation de fait**, par un *raisonnement de type déductif (syllogistique)*. C'est ici élémentaire, car le texte est parfaitement clair et ne contient, de prime abord, aucune difficulté d'interprétation ; il semble qu'on puisse en faire une application quasi mécanique. Un étudiant de première année, qui n'a pas encore étudié le droit de la filiation, peut cependant avoir du mal à comprendre le dispositif du texte, car il ne sait peut-être pas ce qu'il faut entendre par « filiation établie qu'à l'égard d'un parent » ou du moins il n'a pas encore les connaissances pour distinguer les cas dans lesquels la filiation est établie à l'égard des deux parents ou à l'égard d'un seul parent. Cela illustre bien l'interdépendance des règles juridiques, dont nous avons essayé de vous faire prendre conscience dans la première partie de cet ouvrage. Et, cela montre que, même pour résoudre une situation simple, il faut souvent **combiner les règles :** l'article 311-23, alinéa 1 du Code civil n'a de sens que si on le lit en contemplation des articles 311-25 et suivants qui sont relatifs aux différents modes d'établissement de la filiation des enfants. Ces textes enseignent que la filiation peut résulter de l'effet de la loi. Elle est ainsi établie à l'égard de la mère par la désignation de celle-ci dans l'acte de naissance de l'enfant (C. civ., art. 311-25), le principe étant ainsi que la mère « est celle qui accouche ». S'agissant du père, la filiation sera présumée à chaque fois que l'enfant sera conçu ou né pendant le mariage avec la mère de l'enfant (C. civ., art. 312). Sinon la filiation vis-à-vis du père s'établit soit par un acte de reconnaissance de paternité (C. civ., art. 316), soit par le jeu de la possession d'état (C. civ., art. 317) qui tient aux relations qu'entretiennent le père et l'enfant.

Ceci étant expliqué, nous imaginons que chacun comprend que le texte qui nous intéresse, l'article 311-23, alinéa 1 du Code civil, évoque le cas ou la filiation n'a été établie qu'à l'égard d'un seul des parents contrairement à l'article 311-21 qui vise le cas où la filiation a été établie à l'égard des deux.

Claudine n'a en effet, pour l'instant, de lien de filiation établi qu'à l'égard de sa mère compte tenu de la désignation de cette dernière dans l'acte de naissance de l'enfant (cf. C. civ., art. 311-25 évoqué *supra*) et en raison de la disparition de son père. Donc Claudine doit porter le nom de sa mère : elle s'appellera Claudine Ladouce.

La solution est tellement évidente que vous pourriez être tenté(e) de l'affirmer sans ambages, en disant par exemple : « Il résulte clairement de l'article 311-23, alinéa 1 du Code civil que Claudine doit porter le nom de sa mère ». Si vous étiez un juriste confirmé, vous pourriez éventuellement procéder ainsi. Mais, dans le cadre de votre apprentissage méthodologique, il est indispensable que vous décomposiez à l'extrême le raisonnement suivi de manière quasi intuitive. Ce n'est qu'en procédant ainsi pour les cas simples, que vous apprendrez à maîtriser le raisonnement pour les cas les plus complexes.

Vous suivrez donc dans le détail les trois étapes du syllogisme :

1) Énoncez la règle, soit complètement, soit seulement dans la partie qui concerne votre problème. Il est souvent préférable de citer le texte dans sa propre formulation, plutôt que d'en faire une paraphrase.

Ainsi, dans le cas qui vous est soumis ici, vous direz :

Aux termes de l'article 311-23, alinéa 1 du Code civil : « Lorsque la filiation n'est établie qu'à l'égard d'un parent, l'enfant prend le nom de ce parent ».

2) Confrontez la situation de fait à la règle. Cette partie du raisonnement (la mineure du syllogisme) commencera souvent par la formule « Or en l'espèce » ou « Or dans cette affaire ». On dira ainsi :

Or en l'espèce, la filiation de Claudine n'a été établie qu'à l'égard de sa mère.

Nous sommes là contraints pour tenir cette affirmation de mobiliser les règles relatives à l'établissement du lien de filiation (V. *supra*). La filiation de Claudine vis-à-vis de sa mère résulte de la désignation de cette dernière dans l'acte de naissance. Quant au père de Claudine, qui ne donne plus aucun signe de vie depuis des mois et qui n'est pas marié avec la mère de Claudine, il n'a pas reconnu l'enfant.

3) Tirez la conclusion de cette confrontation. Cette conclusion est assez naturellement annoncée par la préposition « donc » :

Donc, Claudine doit porter le nom de sa mère. Elle s'appellera Claudine Ladouce.

En relisant dans leur continuité les passages en italique, vous aurez l'ensemble de la réponse au cas pratique :

Marie Ladouce, célibataire, a accouché d'un enfant, prénommé Claudine à un moment où elle vivait seule.

Il s'agit ici de savoir quel nom porte, à sa naissance, un enfant né d'une mère célibataire vivant seule et qui n'a pas été reconnu par son père. Cette question est réglée dans le Code civil à l'article 311-23, alinéa 1.

Aux termes de ce texte : « Lorsque la filiation n'est établie qu'à l'égard d'un parent, l'enfant prend le nom de ce parent ».

Or en l'espèce, la filiation de Claudine n'a été établie qu'à l'égard de sa mère.

Donc, Claudine doit porter le nom de sa mère. Elle s'appellera Claudine Ladouce.

À vous maintenant ! Nous vous proposons deux exercices très simples, sur les mêmes questions :

Exercice n° 1

Pierre Ledur, ayant appris la naissance de Claudine, a senti sa fibre paternelle se réveiller, et il s'est précipité au chevet de la jeune maman ravie de son retour. Le 2 juillet 2017, il reconnaît Claudine dans l'acte de naissance. Quel nom portera Claudine ?

Essayez de résoudre ce petit cas par vous-même en suivant scrupuleusement la démarche décrite à propos du cas précédent. Puis reportez-vous au corrigé en fin de séance.

Exercice n° 2

Pierre Ledur a senti sa fibre paternelle se réveiller quelques semaines après la naissance de Claudine. Il réapparaît le 2 septembre 2017 et se précipite à la mairie pour reconnaître l'enfant, mais on lui a dit que Claudine porterait le nom de sa mère à l'égard de laquelle le lien de filiation avait déjà été établi. Marie et lui en sont désolés, car ils voudraient que l'enfant porte le nom de son père pour avoir un statut social « normal ». Que peuvent-ils faire ? Vous pourrez là encore vous reporter à la correction de ce cas plus loin.

II. – Cas pratique avec combinaison de textes

Les cas précédents reposaient sur l'application d'un seul texte législatif à la situation de fait (même si, pour comprendre ce texte, il fallait se référer à des notions définies par d'autres textes : établissement de la filiation, reconnaissance...). Nous allons voir maintenant que la solution d'un cas pratique (pourtant encore très simple) peut reposer sur la combinaison de plusieurs textes.

Exemple commenté

Marie Ladouce et Pierre Ledur sont mariés depuis trois ans et ont une fille, Claudine Ledur. Ils sont aujourd'hui sur le point de recourir à l'adoption plénière d'un enfant sans famille connue car abandonné à la naissance par ses parents qui se prénomme Michel. Puisque Claudine porte le nom de son père, en raison du choix opéré par ses parents au moment de sa naissance il y a deux ans, ils souhaiteraient que Michel porte le nom de sa mère. Ils vous consultent pour savoir si cela est possible.

Pour trouver le texte qui permet de donner une solution à ce problème, il convient de se référer aux règles de l'adoption que l'on trouve aux articles 343 et suivants du Code civil. C'est plus précisément l'article 357 relatif aux effets de l'adoption plénière qui résout la difficulté. Du moins ce texte ne la résout qu'en partie puisqu'après avoir affirmé dans son premier alinéa que l'adoption confère à l'enfant le nom de l'adoptant, il renvoie en cas d'adoption par deux époux aux règles énoncées à l'article 311-21 du Code civil. Pour dénouer le cas, il faut donc combiner les deux textes. Notez qu'ici c'est encore relativement simple, car l'article 357, alinéa 5 renvoie expressément à l'article 311-21 mais, dans bien des hypothèses, la nécessité de combiner résultera simplement de l'utilisation d'un mot, d'une expression qui, implicitement, renverra à un autre texte.

Voilà comment il est possible de résoudre le cas ci-dessus :

1° Les époux Marie Ladouce et Pierre Ledur ont fait le choix il y a deux ans d'appeler leur fille Claudine Ledur. Aujourd'hui ils vont adopter Michel et souhaiteraient donner à cet enfant le nom de Marie pour l'appeler Michel Ladouce.

2° Le problème qui se pose ici est de savoir si un enfant adopté peut se voir conférer le nom de sa mère adoptante alors que les parents adoptifs ont choisi de donner le nom du père à leur première fille. La réponse se trouve dans l'article 357, alinéa 5 du Code civil.

3° Aux termes de ce texte, lorsqu'il a été fait application de l'article 311-21, le nom précédemment dévolu ou choisi vaut pour l'adopté.

On rappellera que ce dernier texte indique que lorsque la filiation d'un enfant est établie à l'égard de ses deux parents, ces derniers choisissent le nom de famille qui lui est dévolu : soit le nom du père, soit le nom de la mère, soit les deux noms accolés dans l'ordre choisi par eux.

Or, en l'espèce, nos époux ont déjà attribué à leur premier enfant le nom Ledur.

Ils sont contraints de donner à Michel le même nom.

Donc Michel ne pourra porter le nom de famille de sa mère adoptante. Il s'appellera Michel Ledur.

Exercice :

À vous maintenant de résoudre un cas en combinant deux textes.

Marie Ladouce est sur le point de procéder à l'adoption simple de l'enfant Victor aujourd'hui âgé de huit ans. Elle souhaiterait donner à l'enfant adopté le prénom de son premier époux aujourd'hui décédé. Il s'appelait Jérôme. Elle vous consulte pour savoir si cela est possible.

Rédigez votre réponse, puis reportez-vous au corrigé en fin de séance.

III. – Cas pratique avec difficulté d'interprétation d'un texte

Jusqu'à présent, le ou les textes qu'il s'agissait d'appliquer pouvaient faire l'objet d'une application quasi mécanique : il n'y avait aucune difficulté à vérifier si les conditions qu'ils posaient étaient ou non remplies. Mais très souvent, le ou les textes applicables suscitent de sérieuses difficultés d'interprétation, parce qu'ils ne sont pas rédigés de manière claire, parce qu'ils sont silencieux ou parce qu'ils n'ont pas envisagé l'infinie variété des situations de fait. Ces difficultés d'interprétation, qui devront être résolues par le juge, apparaissent précisément lorsqu'on veut appliquer le texte à un cas concret qui ne « rentre » pas parfaitement dans le cadre posé par le texte.

Un premier exemple de telles difficultés – que vous rencontrerez ensuite de manière continuelle au cours de votre formation puis de votre activité de juriste – peut vous être donné à travers le cas suivant, où nous retrouvons nos mêmes personnages :

Exemple commenté

Marie Ladouce et Pierre Ledur sont mariés depuis cinq ans. Ils viennent d'avoir un enfant qu'il décide d'appeler Claude. Dans la mesure où Claude est atteint d'une malformation des organes génitaux ne correspondant pas à la norme habituelle de l'anatomie masculine ou féminine, ses parents entendent faire porter sur les actes de l'état civil la mention de sexe neutre. Vous êtes consulté pour savoir si cela est possible.

Nous vous donnons directement le corrigé, au travers duquel la difficulté d'interprétation apparaîtra clairement.

1° Marie Ladouce et Pierre Ledur souhaiteraient faire porter sur les actes de l'état civil la mention de sexe neutre de leur enfant Claude atteint à la naissance d'une malformation des organes génitaux.

2° Les règles relatives aux déclarations de naissance se trouvent aux articles 55 et suivants du Code civil. L'article 57 dudit code indique plus précisément quant à lui que l'acte de naissance énoncera le jour, l'heure et le lieu de la naissance, le sexe. Ce texte, qui impose seulement que l'acte de naissance énonce le sexe de l'enfant, ne prévoit aucune liste limitative des sexes pouvant être mentionnés pour son application.

3° La question se pose alors de savoir s'il est possible de prendre en compte à l'état civil une ambiguïté sexuelle en s'écartant de la distinction binaire communément admise. Il existe certes une circulaire qui prévoit la possibilité d'éviter de porter l'indication de sexe « indéterminé » dans l'acte de naissance et de s'en remettre à l'analyse médicale la plus probante, mais, comme on le sait, les circulaires, destinées à guider les agents de l'État, ne sont pas opposables aux justiciables.

Nous sommes donc confrontés à un cas dans lequel le Code civil ne fournit aucune indication précise sur la nature du sexe qui doit être mentionné sur les actes de l'état civil. La raison tient au fait qu'il est communément admis que l'individu a soit un sexe féminin, soit un sexe masculin. Est-il alors possible d'envisager la mention de sexe neutre ?

Si l'on se tourne du côté des décisions de justice, on réalise que la question a déjà nourri la jurisprudence. Très tôt la cour d'appel de Paris avait affirmé que tout individu, même s'il présente des anomalies organiques, doit être obligatoirement rattaché à l'un des deux sexes masculin ou féminin, lequel doit être mentionné dans l'acte de naissance (CA Paris, 18 janv. 1974 : *D.* 1974, 196, concl. Granjon). Mais plus récemment la question a rebondi. Ainsi le tribunal de grande instance de Tours s'est montré favorable à l'indication dans l'acte de naissance de « sexe neutre ». Il en est ainsi dans le cas d'une personne pour laquelle le sexe assigné à sa naissance apparaît comme une pure fiction, qui lui a été imposée pendant toute son existence sans que jamais elle ait pu exprimer son sentiment profond, ce qui contreviendrait aux dispositions de l'article 8, alinéa 1er de la Convention européenne des droits de l'homme (TGI Tours, 20 août 2015 : *D.* 2015, 2295, note F. Vialla ; *AJF* 2015, 613, note Le Gac-Pech). Cette position a cependant été condamnée par la cour d'appel d'Orléans (CA Orléans, 22 mars 2016, n° 15/03281 : *D.* 2016. 1915, note P. Reigné ; *ibid.* 904, B. Moron-Puech ; *JCP* G 2016, p. 852, note Vialla). Et, plus récemment, la Cour de cassation, dans un arrêt soumis à la plus large des publicités, puisque publié au rapport annuel de la Cour de cassation, affirme haut et fort que la loi française ne prévoit pas de faire figurer à l'état civil l'indication d'un sexe autre que masculin ou féminin (Cass. 1re civ., 4 mai 2017, n° 16-17.189, P+B+R+I). La Cour de cassation a ajouté dans cette affaire que si l'identité? sexuelle relève de la sphère protégée par l'article 8 de la Convention de sauvegarde des droits de l'homme et des libertés fondamentales, la dualité des énonciations relatives au sexe dans les actes de l'état civil poursuit un but légitime en ce qu'elle est nécessaire a? l'organisation sociale et juridique, dont elle constitue un élément fondateur ; que la reconnaissance par le juge d'un « sexe neutre » aurait des répercussions profondes sur les règles du droit français construites a? partir de la binarité des sexes et impliquerait de nombreuses modifications législatives de coordination. Quoi qu'on pense de cette solution, elle présente le mérite de lever toute ambiguïté.

Vous conclurez donc en l'espèce que, en l'état actuel de la jurisprudence, les époux Ladouce-Ledur ne pourront pas, comme ils le souhaitent, faire porter sur les actes de l'état civil de leur enfant Claude la mention de sexe neutre.

Remarques

1° Il faut d'abord remarquer que la difficulté d'interprétation du texte introduit une perturbation dans la structure du raisonnement : on ne peut plus séparer complètement le droit (majeure du syllogisme) et le fait, car la difficulté naît précisément de la confrontation du droit et du fait. Il n'y a pas de règle de droit qui régit à proprement parler la difficulté qui s'est posée à nous, car aucun texte n'indique que l'adopté peut, s'il le souhaite, conserver son nom de famille d'origine ou le lui interdit en tant que tel.

2° Pour résoudre la difficulté d'interprétation que vous avez découverte, vous devez vous référer à la jurisprudence, et vous pouvez voir ainsi immédiatement le lien du cas pratique avec les autres exercices qu'on vous apprend à faire : rechercher la jurisprudence, lire une décision de justice et la replacer dans son contexte, faire une synthèse de plusieurs décisions en vue d'en tirer une règle... Le plus souvent, les décisions se trouvent dans les notes de jurisprudence d'un Code civil annoté, mais le cas ne pourrait être sérieusement résolu sans une recherche plus approfondie.

3° S'il n'existe pas de jurisprudence sur le problème considéré, ou si elle est insuffisante, vous devrez vous appuyer sur la doctrine. À défaut, si aucun auteur n'a vu le problème, ce qui arrive – même si c'est très rare dans le contexte des cas pratiques universitaires –, vous aurez à élaborer une argumentation personnelle. Bien sûr on ne l'exigera pas en principe d'un étudiant de première année de droit.

Exercice :

À vous maintenant d'essayer de résoudre un cas qui soulève une difficulté d'interprétation d'un texte ! Pour résoudre cette difficulté, vous vous contenterez de la jurisprudence citée sous le texte considéré dans votre Code civil annoté.

Marie Ladouce et Pierre Ledur sont mariés depuis cinq ans. Pierre Ledur sollicite aujourd'hui l'adoption simple du fils de son épouse, François Labrute aujourd'hui âgé de quinze ans. Il souhaiterait toutefois que son nom précède celui de son fils adoptif. Il vous demande si cela est possible.

IV. – Cas pratique avec difficulté d'application aux faits

Dans les cas précédents, la difficulté d'interprétation du texte était résolue, ou pouvait l'être, par des règles jurisprudentielles. Mais il arrive parfois que le texte fasse référence à une notion générale, qui, sans être à proprement parler obscure ou difficile à interpréter, laisse un large pouvoir d'appréciation au juge du fond. Il faut savoir que, dans un tel cas, le juriste ne parviendra jamais à donner une solution certaine au problème qui lui est posé : il ne pourra que faire un pronostic, une évaluation des chances de succès.

Voici un exemple caractéristique de ces problèmes qui débouchent sur l'appréciation souveraine des juges du fond :

Exemple commenté

Loana adorait son prénom quand elle était petite, d'autant plus qu'elle était sous le charme d'une vedette d'une célèbre émission télévisée qui portait le même prénom. Mais, depuis plus de deux ans, elle se fait appeler Leslie par ses amis sur les réseaux sociaux, et ne se reconnaît plus avec son prénom d'origine. Aujourd'hui âgée de vingt ans, Loana voudrait changer officiellement de prénom et se faire appeler Leslie sur son acte de naissance. Est-ce possible ?

Comme toujours, nous vous proposons de résoudre le cas pratique en trois temps :

1° Loana se fait appeler Leslie par ses amis sur les réseaux sociaux depuis plus de deux ans et ne se reconnaît plus avec son prénom d'origine. Aujourd'hui âgée de vingt ans, elle souhaiterait s'appeler officiellement Leslie.

2° La question des changements de prénoms est résolue par l'article 60 du Code civil.

3° Ce texte dispose notamment que : « Toute personne peut demander à l'officier de l'état civil à changer de prénom. La demande est remise à l'officier de l'état civil du lieu de résidence ou du lieu où l'acte de naissance a été dressé… ».

Toutefois, dans son quatrième alinéa, l'article 60 du Code civil précise que s'il (l'officier d'état civil) estime que la demande ne revêt pas un intérêt légitime, en particulier lorsqu'elle est contraire à l'intérêt de l'enfant ou aux droits des tiers à voir protéger leur nom de famille, l'officier de l'état civil saisit sans délai le procureur de la République. Il en informe le demandeur. Si le procureur de la République s'oppose à ce changement, le demandeur, ou son représentant légal, peut alors saisir le juge aux affaires familiales.

Loana peut donc demander à changer de prénom en s'adressant à l'officier de l'état civil, mais cette demande pourra lui être refusée si elle ne revêt pas un « intérêt légitime ». Que faut-il entendre par là, en dehors des deux illustrations données par le même texte (contraire à l'intérêt de l'enfant ou protection du nom de famille des tiers) ?

Cette question a suscité une jurisprudence abondante sous l'empire du droit antérieur à la loi de 2016 qui a réformé la matière, mais qui exigeait déjà un tel intérêt légitime. Il est donc possible de s'appuyer sur cette jurisprudence qu'il conviendra peut-être cependant d'adapter à la nouvelle rédaction du texte[3]. La Cour de cassation contrôle la motivation des juges du fond lorsqu'ils apprécient cet intérêt : ils ne doivent pas se fonder sur des motifs d'ordre général (V. par ex.

(3) Il faut le préciser : il ne va pas de soi qu'une jurisprudence rendue sous l'empire d'un texte antérieur soit encore valable pour l'interprétation d'un texte nouveau, cela n'est vrai que si le problème posé est exactement le même dans le droit nouveau et dans le droit antérieur – ce qui est *a priori* est le cas ici puisque la loi de 2016 a essentiellement modifié la règle de compétence (l'officier de l'état civil au lieu du JAF) et non la condition d'intérêt légitime, qui existe toujours. Cependant, l'exigence de la légitimité de l'intérêt se manifeste différemment dans les nouveaux textes puisqu'elle ne figure plus en amont. Par ailleurs, le fait que le juge cède sa place à l'officier de l'état civil montre que l'intérêt protégé est jugé moins fondamental par le législateur. Le juge aux affaires familiales sera cependant saisi en dernière instance s'il s'avère que le procureur de la République comme l'officier de l'état civil s'opposent au changement de prénom.

Cass. 1re civ., 2 mars 1999 : *Bull. civ.* 1999, I, n° 76). En particulier – et ce point est intéressant dans notre affaire –, ils ne peuvent pas rejeter la demande de changement de prénom au seul motif que l'usage prolongé d'un prénom autre que celui inscrit à l'acte de naissance ne suffit pas à caractériser l'intérêt légitime. Ils doivent rechercher au cas par cas, compte tenu des circonstances particulières de chaque espèce, si l'intérêt légitime est ou non caractérisé (Cass. 1re civ., 14 févr. 1990 : *Bull. civ.* 1990, I, n° 48). Par ailleurs, la Cour de cassation a posé que l'intérêt légitime exigé par le texte n'était pas nécessairement un intérêt « majeur » (Cass. 1re civ., 20 oct. 1981 : *Gaz. Pal.* 1982, 2, 388). À cela on peut ajouter qu'il a été jugé à plusieurs reprises par des juges du fond que l'usage prolongé d'un prénom suffisait à caractériser l'intérêt légitime du changement (CA Nancy, 6 oct. 2000 : *Bull. inf. C. cass.* 15 déc. 2000, n° 1409. – CA Paris, 21 nov. 1995 : *D.* 1996, 355, note Garé). Toutefois, dans ces décisions, le changement de prénom résultait d'un usage continu et constant, qui remontait parfois à la naissance même de la personne qui souhaitait voir modifier son prénom sur son acte de naissance. Par ailleurs, il a été jugé que le désir de changer de prénom pour des motifs de convenance personnelle ne repose pas sur un intérêt de nature à justifier sa demande (Cass. 1re civ., 20 févr. 1996 : *Bull. civ.* 1996, I, n° 98).

Dans notre espèce, l'officier de l'état civil appréciera souverainement si Loana a un intérêt légitime pour changer de prénom[4]. Si l'on s'en tient à la jurisprudence antérieure ci-dessus évoquée, on peut penser que sa demande sera rejetée. D'abord parce qu'elle a elle-même changé de prénom pour des raisons de convenance personnelle et, semble-t-il, uniquement lorsqu'elle communique sur des réseaux sociaux. Ensuite parce qu'elle pourra difficilement justifier d'un usage prolongé du prénom qu'elle aimerait officialiser. Il paraît difficile de soutenir qu'une habitude prise il y a un peu plus de deux ans constitue un usage au sens où l'entendent les juridictions[5]. Cependant, on ne saurait préjuger avec

(4) Il est important de ne pas s'arrêter à ce stade des développements comme le font parfois certains étudiants. Plutôt que de se contenter de dire que la solution dépend de l'appréciation souveraine de l'officier de l'état civil, ou plus généralement encore des juges du fond comme cela est souvent le cas, il est préférable de se positionner.

(5) Toute la difficulté, dans ce genre de problèmes, est de faire le départ entre ce que contrôle la Cour de cassation – qui peut donc être formulé comme une règle de droit – et ce qui relève de l'appréciation des juges du fond. Ainsi dans ce cas, la Cour de cassation ne dit pas : « l'usage prolongé d'un prénom constitue l'intérêt légitime », mais seulement « on ne peut pas affirmer d'une manière générale que cet usage prolongé ne constitue pas un intérêt légitime », le pouvoir d'appréciation des juges du fond restant entier à l'intérieur de cette limite. À cela on ajoutera qu'il est pour le moins difficile de dire précisément à partir de quelle durée un usage se constitue en matière de changement de prénom.

certitude de la solution qui sera retenue. Surtout, le fait que la loi du 18 novembre 2016 ait modifié la rédaction des textes en ne subordonnant plus, comme auparavant, la demande à un intérêt légitime, mais en indiquant que l'officier de l'état civil peut rejeter la demande s'il estime qu'elle ne revêt pas un intérêt légitime témoigne, à notre sens, de l'existence d'une plus grande souplesse des nouveaux textes.

Exercice :

Voici un cas qui suscite le même type de difficulté que précédemment :

Par jugement du 5 juin 2017, le tribunal de grande instance de Saint-Étienne a prononcé le divorce entre les époux Delarue, aux torts exclusifs de la femme, Sylvia, née Marmont, qui trompait son mari depuis plusieurs années. Sylvia, qui est professeur dans un lycée, désire conserver le nom de Mme Delarue qu'elle a toujours porté dans cet établissement (où elle exerce depuis dix-sept ans). Mais son mari, prétendant qu'elle a « sali » son nom, s'y oppose fermement. Que peut faire Sylvia ?

Vous n'aurez sans doute aucune difficulté à raisonner dans cette hypothèse. Mais vous êtes prévenu : il n'y a pas de solution certaine ! (V. *infra*, le corrigé).

***

Corrigé

I. – Cas pratique élémentaire

Exercice n° 1

1° Sélection des faits. Marie Ladouce, célibataire, a accouché le 1er juillet 2017 d'un enfant, prénommé Claudine, qu'elle a eu avec Pierre Ledur. Pierre a reconnu sa fille dans l'acte de naissance le 2 juillet 2017.

2° Recherche des règles applicables. La question qui se pose ici est de savoir quel nom porte un enfant dont la filiation est établie à l'égard de ses deux parents.

La réponse à cette question nous est donnée par l'article 311-21, alinéa 1er du Code civil.

3° Application de la règle. Aux termes de ce texte : « Lorsque la filiation d'un enfant est établie à l'égard de ses deux parents au plus tard le jour de la déclaration de sa naissance ou par la suite mais simultanément, ces derniers choisissent le nom de famille qui lui est dévolu : soit le nom du père, soit le nom de la mère, soit leurs deux noms accolés dans l'ordre choisi par eux dans la limite d'un nom de famille pour chacun d'eux. En l'absence de déclaration conjointe à l'officier de l'état civil mentionnant le choix du nom de l'enfant, celui-ci prend le nom de celui de ses parents à l'égard duquel sa filiation est établie en premier lieu et le nom de son père si sa filiation est établie simultanément à l'égard de l'un et de l'autre ».

En l'espèce, la filiation de l'enfant Claudine a été établie à l'égard de ses deux parents au moment de la déclaration de sa naissance.

Donc, Claudine pourra porter, au choix de ses parents, soit le nom de son père, soit le nom de sa mère, soit leurs deux noms accolés dans l'ordre choisi par les parents mais dans la limite d'un nom de famille par parent. Claudine pourra ainsi s'appeler soit Ledur, soit Ladouce, soit Ledur-Ladouce, soit Ladouce-Ledur. En cas de désaccord des parents sur le choix du nom, si ce désaccord est signalé dans les conditions visées par l'article L. 311-21 du Code civil, l'enfant prendra les deux noms accolés selon l'ordre alphabétique. Celui-ci s'appellera Ladouce-Ledur.

Exercice n° 2

1° Sélection des faits. Marie Ladouce, célibataire, a accouché le 1er juillet 2017 d'un enfant, prénommé Claudine, qu'elle a eu avec Pierre Ledur. Pierre a reconnu sa fille le 2 septembre 2017. Mais on lui a indiqué que le nom de l'enfant resterait celui de sa mère. Marie est toutefois d'accord pour que Claudine porte le nom de son père.

2° Recherche des règles applicables. Il s'agit ici de savoir si un enfant qui porte le nom de sa mère peut, en cas de reconnaissance postérieure par le père, prendre le nom de celui-ci. Une possibilité en ce sens est ouverte par l'article 311-23, alinéa 2 du Code civil.

3° Application de la règle. Aux termes de ce texte, « lors de l'établissement du second lien de filiation puis durant la minorité de l'enfant, les parents peuvent, par déclaration conjointe devant l'officier de l'état civil, choisir soit de lui substituer le nom de famille du parent à l'égard duquel la filiation a été établie en second lieu, soit d'accoler leurs deux noms, dans l'ordre choisi par eux, dans la limite d'un nom de famille pour chacun d'eux. Le changement de nom est mentionné en marge de l'acte de naissance ». On ajoutera que le dernier alinéa de l'article L. 311-23 précise que si l'enfant a plus de treize ans, son consentement personnel est nécessaire.

En l'espèce, la filiation de l'enfant a bien été établie en premier à l'égard de sa mère, puis à l'égard de son père. L'enfant est bien mineure. Elle a moins de treize ans. Ses parents souhaitent qu'elle prenne le nom de son père.

Ses parents peuvent donc faire une déclaration conjointe devant l'officier de l'état civil. Claudine prendra alors le nom de son père (Ledur), par substitution à celui de sa mère.

II. – Cas pratique avec combinaison de textes

1° Marie Ladouce qui va recourir à l'adoption simple de l'enfant Victor, souhaiterait modifier le prénom de ce dernier pour l'appeler Jérôme.

2° Le problème qui se pose ici est de savoir si l'adoptant simple peut faire modifier le nom de l'enfant adopté. L'article 361 du Code civil renvoie à plusieurs textes relatifs à l'adoption plénière dont l'un ouvre une possibilité de cet ordre.

3° L'article 361 du Code civil dispose en effet que : « Les dispositions des articles 343 à 344, du dernier alinéa de l'article 345, des articles 346 à 350, 353, 353-1, 353-2, 355 et du dernier alinéa de l'article 357 sont applicables à l'adoption simple »[6]. Or le dernier alinéa de l'article 357 est précisément relatif à la question qui nous préoccupe puisqu'il précise que « sur la demande du ou des adoptants, le tribunal peut modifier les prénoms de l'enfant ».

(6) La résolution de ce petit cas impose une lecture attentive des articles du Code civil, car c'est elle qui en l'occurrence permet de trouver la réponse recherchée. L'occasion est ainsi donnée d'insister sur la nécessité de bien lire les articles du Code civil lorsqu'un cas pratique doit être résolu. Pour cela il faut utiliser le plan de ce code ou son index pour trouver les textes gravitant autour de la difficulté soulevée.

Dès lors, à condition de formuler la requête de changement de prénom devant une juridiction, Marie pourra, si le juge accède à sa demande, modifier le prénom de l'enfant adopté. Il n'est pas certain cependant que Marie parvienne à ses fins eu égard aux raisons qui la conduisent à formuler cette demande et à l'âge avancé de l'enfant qui pourrait mal accueillir cette évolution de son état civil.

III. – Cas pratique avec difficulté d'interprétation d'un texte

1° Pierre Ledur sollicite l'adoption simple du fils de son épouse, François Labrute âgé de quinze ans. Il souhaiterait que ce dernier porte comme nom de famille Ledur-Labrute.

2° La question qui se pose ici est de savoir quel nom peut ou doit porter un enfant qui va faire l'objet d'une adoption simple. L'article 363 du Code civil ambitionne de régler cet aspect des choses.

3° Aux termes de l'alinéa 1er de cet article, l'adoption simple confère le nom de l'adoptant à l'adopté en l'ajoutant au nom de ce dernier. Ainsi, à suivre ce texte, François devrait, à l'issue de son adoption, se dénommer Labrute-Ledur. Mais en l'espèce, Pierre souhaiterait inverser l'ordre des noms. L'article 363 du Code civil n'envisage pas à proprement parler cette possibilité. Tout au plus ouvre-t-il dans son dernier alinéa la possibilité de demander au tribunal prononçant l'adoption de décider que l'adopté ne portera que le nom de l'adoptant ou son nom d'origine en cas d'adoption de l'enfant du conjoint. Si l'adopté a plus de treize ans, ce qui est le cas de François dans notre affaire, son consentement personnel à cette substitution du nom de famille est nécessaire.

Ainsi donc les textes sont silencieux sur le point particulier qui nous intéresse. Mais, en se tournant du côté de la jurisprudence, on réalise que la question a donné lieu à plusieurs décisions. Devant les juges du fond, les avis étaient partagés quant à la possibilité d'accoler les deux noms dans l'ordre inverse (pour : CA Douai, 10 mai 1989 : *D.* 1991, 205, note P. Guiho ; *RTD civ.* 1991, 497, obs. J. Hauser et D. Huet-Weiller. – CA Paris, 9 nov. 1993 : *JurisData* n° 1993-023376. – CA Douai, 28 juin 1999 : *JurisData* n° 1999-045433. – *Contra* : TGI Dijon, 4 déc. 1973 : *Gaz. Pal.* 1974, 1, 198 ; *RTD civ.* 1974, 797, obs. R. Nerson). Mais la Cour de cassation est venue trancher la difficulté dans deux arrêts rendus le 6 octobre 2010 en affirmant que « l'article 363 du Code civil, qui prévoit la possibilité de substituer le nom de l'adoptant à celui de l'adopté, n'exclut pas la possibilité pour le juge de décider que le nom d'origine de l'adopté suivra celui de l'adoptant » (pourvoi n°s 09-15.114 et 09-15.092 : *Dr. famille* 2010, 186, note Massip ; *RTD civ.* 2010, 757, obs. Hauser)[7].

Compte tenu de cette jurisprudence, il est possible d'exaucer les vœux de Pierre Ledur. Il pourra donner comme nom de famille à son fils adoptif, Ledur-Labrute. Encore faudra-t-il qu'il obtienne le consentement de François, ce dernier ayant plus de treize ans.

Remarque

Si vous aviez eu à résoudre ce cas pratique avant les arrêts du 6 octobre 2010, c'est-à-dire avant que la Cour de cassation ne vienne poser une solution de principe, vous auriez eu à vous positionner sur une question qui n'avait pas de réponse certaine. C'est parfois le cas, plus souvent qu'on ne le pense, et cela trouble beaucoup les étudiants. En tout état de cause, il convient dans cette hypothèse d'être nuancé dans sa réponse et de formuler, dans la mesure du possible, des propositions de résolution du cas, c'est-à-dire des principes de solution. Il serait bien malvenu en effet de conclure en disant que le problème posé n'a pas de solution...

IV. – Cas pratique avec difficulté d'application aux faits

1° Le tribunal de grande instance de Saint-Étienne a prononcé le divorce entre les époux Delarue, aux torts exclusifs de la femme, Sylvia, née Marmont. Sylvia souhaiterait conserver le nom de Mme Delarue, notamment parce qu'elle a toujours porté ce nom dans le lycée où elle est professeur. Mais son ex-mari s'y oppose.

(7) Il n'est pas utile lors de la résolution d'un cas pratique de citer les commentaires doctrinaux relatifs à une décision de justice. Il suffit de citer l'arrêt pertinent, c'est-à-dire celui qui tranche la difficulté à résoudre. Si nous les mettons ici et plus bas c'est uniquement pour vous inviter à lire ces commentaires qui pourront vous aider à bien comprendre les solutions dégagées..

2° Le problème des incidences du divorce sur le nom des époux – et spécialement de la femme qui portait habituellement le nom de son mari pendant le mariage – est régi par l'article 264 du Code civil.

3° *a)* Ce texte dispose qu'en principe, « à la suite du divorce, chacun des époux perd l'usage du nom de son conjoint ». Sylvia devrait donc normalement reprendre son nom de jeune fille, Marmont.

b) Cependant, le texte prévoit certains cas où une femme mariée peut être autorisée à garder l'usage du nom de son conjoint. L'article 264, alinéa 2 du Code civil ajoute en effet que : « L'un des époux peut néanmoins conserver l'usage du nom de l'autre, soit avec l'accord de celui-ci, soit avec l'autorisation du juge, s'il justifie d'un intérêt particulier pour lui ou pour les enfants ».

Le mari ne donnant pas son accord dans notre espèce, Sylvia devra donc demander l'autorisation du juge. Mais dans ce cas, selon le texte, il faut qu'elle justifie qu'un intérêt particulier s'y attache pour elle-même ou pour ses enfants. En l'absence d'enfant, Sylvia devra justifier que la conservation du nom présente un intérêt particulier pour elle-même. Cet intérêt est apprécié souverainement par le juge : en particulier le juge peut estimer que la situation professionnelle de Sylvia, le fait qu'elle soit connue depuis près de vingt ans sous son nom de femme mariée caractérise suffisamment l'intérêt exigé par le texte. Les décisions des juges du fond sont très partagées sur cette question (V. les décisions citées par M. Hauser, obs *RTD civ.* 1991, 717).

Vous aurez sans doute trouvé sans peine l'article 264 du Code civil, en consultant un manuel, ou les tables de votre Code civil annoté (soit à la rubrique nom, sous-rubrique divorce, soit, à l'inverse, à la rubrique divorce, sous-rubrique nom)[8].

L'intérêt principal du cas est de faire apparaître qu'il est parfois indispensable de « décortiquer » un texte pour trouver la partie qui « colle » à la situation de fait : partant du principe selon lequel le divorce fait perdre l'usage du nom de son conjoint (C. civ., art. 264, al. 1), on est conduit à envisager successivement les diverses exceptions qui sont apportées à ce principe (C. civ., art. 264, al. 2).

(8) Sur les techniques de recherche d'un texte, voir les séances consacrées à cet apprentissage.

TROISIÈME PARTIE

OUTILS PRATIQUES

LES 100 PREMIERS MOTS DU DROIT

Présentation

Un terme juridique employé à la place d'un autre, un terme du langage courant employé à la place du terme juridique approprié, peuvent emporter des conséquences aussi fondamentales que désastreuses. Ces 100 définitions permettront d'éviter les premières embûches des études de droit.

Ces entrées sont tirées de :

Sous la direction de Rémy Cabrillac, *Dictionnaire du vocabulaire juridique 2020*, LexisNexis, 11e éd., mai 2019.

A

Abrogation

Suppression d'un texte juridique par l'adoption d'une nouvelle disposition qui le remplace pour l'avenir.

Abus

Utilisation excessive, et comme telle sanctionnée, d'une prérogative ou d'une situation en elles-mêmes licites.

Accusé

Individu mis en examen et soupçonné d'un crime qui, en conséquence, fait l'objet d'une mise en accusation par le juge d'instruction ou la Chambre de l'instruction, afin d'être jugé devant une cour d'assises.
→ CPP, art. 181, 214

Acte administratif

Acte pris par l'administration qui peut être soit un contrat administratif, soit un acte unilatéral.

L'acte administratif est exécutoire (obligatoire) dès sa publication dès lors que certaines formalités ont été respectées. Tout acte administratif peut être contesté devant la juridiction administrative.

Acte juridique

Manifestation de volonté destinée à produire des effets de droit (ex. : contrat).

Aliénation

Transmission de la propriété d'un bien à la suite d'un acte à titre onéreux ou à titre gratuit.

Autorité de la chose jugée

Effets attachés à l'existence d'une décision juridictionnelle.
→ C. civ., art. 1350 et s. ; CPC, art. 480

Autorité parentale

Ensemble des droits et devoirs conférés par la loi aux parents en vue d'assurer l'éducation et la protection de leur enfant mineur non émancipé et la gestion de ses biens.
→ C. civ., art. 371 et s.

Avocat

Professionnel du droit et auxiliaire de justice, membre d'une profession libérale, l'avocat assiste les justiciables, par son activité de consultant, de rédacteur d'actes et par ses plaidoiries ; parfois même, il les représente, notamment devant les tribunaux de grande instance de son ressort où il bénéficie du monopole de la représentation.

Ayant droit

1. Personne ayant acquis son droit d'une autre personne.
2. Personne physique qui ouvre droit à des prestations de sécurité sociale du fait du lien de filiation, d'alliance ou de dépendance économique qu'elle entretient avec un assuré social.

B

Bail

Contrat de louage par lequel une personne, le bailleur, s'engage à mettre une chose immobilière à la disposition d'une autre, le locataire ou preneur, à en lui assurer la jouissance paisible pendant une certaine durée en contrepartie du paiement d'un prix, le loyer.
→ C. civ., art. 1709, 1711, 1713 et s.

Bien

1. Objet mobilier ou immobilier qui peut être approprié.
2. Ensemble de droits réels et personnels présents dans le patrimoine d'une personne, portant sur des biens corporels ou incorporels.
→ C. civ., art. 516 et s.

Bloc de constitutionnalité

Ensemble des textes de valeur constitutionnelle utilisés comme normes de référence en matière de contrôle juridictionnel de constitutionnalité.
→ Const. 4 oct. 1958, Préambule, DDHC

Bon père de famille

Référence à l'attitude qu'aurait une personne normalement prudente et avisée. L'utilisation de cette expression indique que le comportement de la personne concernée sera apprécié in abstracto, c'est-à-dire par comparaison avec le modèle de la personne raisonnable (et pas au regard du comportement habituel de l'intéressé). Cette expression a été bannie du vocabulaire législatif et remplacée par la référence au comportement raisonnable.

Bonne foi

1. Conviction erronée d'agir conformément au droit (reposant sur une apparence trompeuse ou sur l'ignorance d'un élément) qui justifie une certaine clémence du droit.
→ C. civ., art. 549, 550, 2274
2. Comportement honnête et loyal que doit notamment adopter toute partie à un acte juridique à l'égard des autres parties.
→ C. civ., art. 1104 (art. 1134, al. 3 anc.)

Bonnes mœurs

Règles générales de morale, en particulier sexuelle, auxquelles les parties à un acte juridique ne peuvent déroger par des stipulations contraires.
→ C. civ., art. 6

C

Capacité

Aptitude à être titulaire d'un droit ou d'une obligation et à l'exercer personnellement.

Casier judiciaire

Répertoire national et automatisé, regroupant les condamnations pénales rendues à l'encontre des personnes physiques et morales et des décisions diverses, et comportant trois bulletins dont la destination à l'égard des tiers et le contenu varient en fonction de la loi.
→ CPP, art. 768 et s.

Cassation

Anéantissement d'une décision des juges du fond, décidé par une Cour supérieure pour mauvaise application des règles de droit.
→ CPC, art. 604

Censure

1. Vote de défiance d'une assemblée parlementaire mettant en cause la responsabilité du gouvernement.
→ Const. 4 oct. 1958, art. 49
2. Déclaration d'inconstitutionnalité prononcée par le juge constitutionnel dans le cadre du contrôle préventif de constitutionnalité de la loi.
→ Ord. n° 58-1067, 7 nov. 1958, art. 17 à 23

Chose

Objet mobilier ou immobilier caractérisé par son existence matérielle propre et susceptible d'être objet de droits.

Code

Ensemble structuré de règles juridiques, le plus souvent d'origine législative, applicables à une matière.

Codification à droit constant

Rassemblement de règles juridiques éparses applicables à une matière sans leur faire subir de modifications autres que de pure forme.

→ L. 12 avr. 2000, art. 3

Communauté de vie

1. Devoir du mariage regroupant l'obligation de cohabitation (obligation d'avoir une résidence commune) et le devoir conjugal (obligation d'entretenir des relations sexuelles avec son conjoint).
→ C. civ., art. 215
2. Fait pour deux personnes d'avoir une résidence commune liée à l'existence entre elles de relations sexuelles.
→ C. civ., art. 515-1 et 515-8

Conjoint

Personne liée à une autre par un mariage.

Conseil constitutionnel

Juridiction constitutionnelle française composée de neuf membres nommés, pour une durée de neuf ans, ainsi que des anciens présidents de la République, membres de droit. Sa mission de gardien de la Constitution consiste essentiellement à contrôler préventivement, sur saisine, la conformité à la Constitution des lois votées avant leur promulgation et des engagements internationaux avant leur ratification. Le Conseil constitutionnel détient également la compétence d'abroger une disposition législative qui porte atteinte aux droits et libertés garantis par la Constitution. Le Conseil constitutionnel est enfin le juge de l'élection présidentielle, des élections législatives et des opérations de référendum.
→ Const. 4 oct. 1958, art. 58 à 63

Constitution

Loi fondamentale d'un État, adoptée et modifiée dans des conditions spéciales, qui organise le pouvoir en vue de le limiter.

Contrat

Convention par laquelle une ou plusieurs personnes s'obligent, envers une ou plusieurs autres, à donner, à faire ou à ne pas faire quelque chose.
→ C. civ., art. 1101

Contravention

Infraction la moins grave, subdivisée en cinq classes, sanctionnée par des peines contraventionnelles qui sont l'amende n'excédant pas 3 000 € pour les personnes physiques en état de récidive et 15 000 € pour les personnes morales en état de récidive ainsi que des peines complémentaires telles que la restriction de certains droits.
→ C. pén., art. 111-1, 131-12 et s., 131-40 et s.

Cour de cassation

Juridiction suprême de l'ordre judiciaire chargée d'assurer le respect de la loi et l'unité de son interprétation, en examinant les pourvois formés contre les décisions de juges du fond ou en rendant des avis sur des questions de droit nouvelles.

Cour européenne des droits de l'homme (CEDH)

Juridiction internationale composée de juges indépendants, entrée en fonction le 21 janvier 1959, et instituée par la Convention européenne des droits de l'homme en vue de procéder à l'examen du respect, par les États membres du Conseil de l'Europe, des droits fondamentaux énoncés dans la Convention,

en vertu d'un mécanisme de contrôle supranational. Son siège est à Strasbourg.
→ Conv. EDH 4 nov. 1950, art. 19 à 51

Cour de justice de l'Union européenne

Anciennement « Cour de justice des Communautés européennes » ou « CJCE » avant l'entrée en vigueur du traité de Lisbonne. Institution juridictionnelle de l'Union européenne composée de vingt-sept juges indépendants secondés par des avocats généraux et chargée de l'interprétation et du contrôle de la validité du droit de l'Union européenne. Son siège est à Luxembourg.
→ TFUE, art. 19 ; TFUE, art. 251 et s. ; Prot. n° 3 sur le statut de la Cour de justice de l'Union européenne, annexé au TFUE

Coutume

Usage qui acquiert force obligatoire par sa répétition et la croyance des intéressés dans son caractère de règle de droit.

Curatelle

Régime de protection des incapables majeurs qui, sans être hors d'état d'agir eux-mêmes, ont besoin d'être conseillés ou contrôlés dans les actes de la vie civile parce qu'ils souffrent d'une altération de leurs facultés mentales ou corporelles. Ce régime est à mi-chemin entre la sauvegarde de justice et la tutelle.
→ C. civ., art. 440 et s.

D

Décès

1. Mort de la personne physique qui entraîne la disparition de sa personnalité juridique, la transmission de son patrimoine et la dissolution de son union (mariage ou pacte civil de solidarité).
→ C. civ., art. 227, 515-7, 720 et s.
2. (Acte de) Acte de l'état civil constatant la mort de la personne et indiquant le jour, l'heure et le lieu de cet événement.
→ C. civ., art. 78 et s.

Décret

Acte administratif émanant du Premier ministre ou du président de la République. Les décrets peuvent être des actes réglementaires ou individuels (nominations). Le gouvernement peut être obligé de demander l'avis du Conseil d'État avant d'arrêter le décret. Certains décrets doivent être délibérés en Conseil des ministres : dans ce cas, ils doivent être signés par le président de la République. Sur le plan juridique, la plupart des décrets n'étant pas délibérés en Conseil des ministres, ils doivent être signés par le Premier ministre.

Défendeur

Nom donné à la personne contre laquelle agit le demandeur.

Délit

Infraction sanctionnée par des peines correctionnelles qui sont, pour les personnes physiques à titre principal, l'emprisonnement pour une durée de dix ans au plus, l'amende dont le montant minimal est de 3 750 €, le jour-amende, le travail d'intérêt général, des peines restrictives de droits et à titre complémentaire diverses interdictions

ou obligations, et pour les personnes morales l'amende, dont le taux est égal au quintuple de celui prévu pour les personnes physiques ainsi que des peines emportant des interdictions ou des restrictions de droits.
→ C. pén., art. 111-1, 131-3 et s., 131-37 et s.

Demandeur

Partie à l'initiative de l'instance.

Déni de justice

Refus d'une juridiction régulièrement saisie de se prononcer sur l'affaire qui lui est soumise et de rendre une décision.
→ C. civ., art. 4 ; C. pén., art. 434-7-1 ; CPC, art. 366-9

Destitution

1. Procédure, instituée par la révision constitutionnelle du 23 février 2007 afin de remplacer la Haute trahison, par laquelle le Parlement constitué en Haute Cour se prononce sur le maintien du président de la République dans ses fonctions suite à un manquement grave à ses devoirs.
→ Const. 4 oct 1958, art. 67 et 68
2. Retrait des fonctions de tuteur, de curateur ou de membre du conseil de famille décidé à titre de sanction d'un comportement répréhensible.

Directive

1. Note interne à l'administration par laquelle un chef de service donne des instructions à ses subordonnés pour rationaliser l'exercice du pouvoir discrétionnaire. Le juge, sans contrôler la légalité des directives, vérifie que l'administration n'a, par sa directive, ni renoncé à son pouvoir discrétionnaire ni édicté aucune condition nouvelle par rapport aux textes applicables.
2. Acte juridique de l'Union européenne obligatoire qui lie les États membres de l'Union européenne destinataires quant au résultat à atteindre, dans un délai déterminé, mais non quant à la forme et aux moyens utilisés à cet effet.
→ TFUE, art. 288

Disparition

Situation de la personne dont on a perdu la trace dans des circonstances telles qu'elles permettent de penser que cette personne est morte, même si l'on n'a pas retrouvé son corps. Cette situation permet de dresser, sous contrôle du tribunal de grande instance, une déclaration judiciaire de décès qui emporte tous les effets du décès (dissolution des unions, transmission du patrimoine).
→ C. civ., art. 88 et s.

Divorce

Dissolution du mariage prononcée judiciairement du vivant des époux. Le divorce peut être consenti mutuellement par les époux par acte sous signature privée contresigné par avocat ou prononcé judiciairement à la demande de l'un ou des deux époux pour les causes énoncées par la loi. Le droit français connaît quatre types de divorce : le divorce par consentement mutuel, le divorce pour faute, le divorce pour altération définitive du lien conjugal et le divorce pour acceptation du principe de la rupture du mariage.
→ C. civ., art. 229 et s. ; CPC, art. 1070 et s.

Doctrine

1. Ensemble des opinions exprimant la pensée juridique de ceux qui travaillent sur le droit (universitaires, magistrats, praticiens).
2. Ensemble des auteurs exprimant leur pensée juridique.

3. Solution généralement prônée sur une question juridique qui n'est pas clairement tranchée par la loi ou la jurisprudence.
4. Proposition ou analyse particulière d'une question juridique (utilisé dans ce sens, le terme doctrine est suivi d'une précision, soit le nom de l'auteur, chef de file de ce courant, soit un qualificatif reflétant le contenu de la proposition avancée).

Donation

Contrat par lequel une personne animée d'une intention libérale transfère, sans contrepartie, un bien à une autre personne qui l'accepte.
→ C. civ., art. 893 et s., 931 et s.

Droit

1. Ensemble des règles de conduite qui gouvernent les rapports des hommes dans la société et dont le respect est assuré par l'autorité publique. Syn. : Droit objectif.
2. Prérogative accordée par le Droit objectif et permettant à une personne d'user d'une chose ou d'exiger d'une autre personne l'exécution d'une prestation. Syn. : Droit subjectif.

E

Erreur

Fait de croire vrai ce qui est faux ou inversement qui constitue un vice du consentement en matière contractuelle.
→ C. civ., art. 1132 (art. 1110 anc.)

Exécution forcée

Ensemble des moyens de contrainte exercés pour imposer, dans le respect des garanties et des formalités prescrites par la loi, l'exécution des obligations.

F

Fait juridique

Événement indépendant de la volonté susceptible de produire des effets de droit (ex. : accident).

Famille

1. Ensemble de personnes liées entre elles par l'existence d'un ancêtre commun.
2. Ensemble constitué des parents (ou d'un parent) et des enfants.
→ C. civ., art. 213, 215, 220-1, 1397

Force de chose jugée

Caractère d'une décision de justice contre laquelle ne peut pas être exercée une voie de recours suspensive.

Fraude

Action faite dans le but de tromper autrui ou d'échapper à l'application d'une règle impérative.

H

Hiérarchie des normes

Classement des règles juridiques selon l'autorité attachée à leur nature. Chaque norme étant considérée comme supérieure à celle qui la suit, une norme inférieure ne peut ni abroger une norme supérieure ni lui apporter de dérogation.

Honoraires

Nom donné à la rémunération des membres des professions libérales, par exemple, d'un avocat.

I

Identité

Somme des éléments dont le droit tient compte pour individualiser les personnes physiques et qui permet donc de situer l'individu concerné (nom, prénom, filiation, nationalité, domicile, date de naissance, sexe).

Illégal

1. Ce qui est contraire à la loi (au sens strict de ce terme, c'est-à-dire aux textes votés par le Parlement).

2. Ce qui est contraire au droit.

Illicite

Ce qui est contraire à l'ordre public, aux bonnes mœurs.

Immeuble

Bien caractérisé par sa fixité au sol et pour lequel le législateur retient la qualification d'immeuble en raison de sa nature, de sa destination ou de l'objet auquel il s'applique.

→ C. civ., art. 516 et s.

Incapable

Personne physique que la loi a privée de l'exercice ou de la jouissance de certains droits.

Indisponibilité

Caractéristique d'un droit ou d'un bien qui ne peut pas faire l'objet d'un acte de disposition.

Infraction

Comportement consistant en une action ou une abstention réprimé par un texte pénal qui en donne les éléments constitutifs et fixe les peines qui lui sont attachées.

J

Jouissance

Droit qui permet de percevoir les fruits d'un bien, de les conserver ou les consommer.

Jugement

1. Au sens large, décision par laquelle un juge ou un collège de juges tranche une question litigieuse.
2. Dans un sens plus étroit, expression désignant la décision des juridictions du premier degré par opposition aux décisions des cours d'appel et de la Cour de cassation, qualifiées d'arrêts.

Juridiction

1. Organe doté du pouvoir de *jurisdictio*.
2. Mission de rendre la justice.
3. Ensemble de tribunaux dotés du même type de pouvoir juridictionnel déterminé, soit en raison de leur compétence matérielle, soit en raison de leur ressort territorial.

Jurisprudence

1. Ensemble des décisions rendues par les tribunaux du pays.
2. Ensemble des décisions rendues pendant une certaine période dans une certaine matière.
3. Solution apportée par une juridiction à une question juridique discutée et qui, en raison de l'autorité morale de la juridiction concernée et/ou de la qualité du raisonnement juridique conduit, est reprise par les autres juridictions ou considérée comme devant l'être. Si cette influence est incontestée, la reconnaissance de la jurisprudence comme source de droit suscite des discussions, nombreux sont ceux qui la qualifient seulement d'autorité (notamment en raison du principe de séparation des pouvoirs).
4. Tendance des tribunaux à trancher une question toujours dans le même sens.

L

Loi

1. Règle de droit votée par le Parlement. Cette acception du terme loi est celle visée par les expressions « loi au sens strict, stricto sensu, au sens formel, au sens organique ».
→ Const. 4 oct. 1958, art. 34
2. Règle de droit générale d'origine étatique (que sa source soit législative ou exécutive, ce qui regroupe les lois au sens strict, les règlements, les ordonnances, les décrets et les arrêtés). Cette acception du terme loi est celle visée par les expressions « loi au sens large, au sens matériel ».
3. Règle de droit, c'est-à-dire toute disposition normative dont l'application est garantie par la contrainte étatique.

Loi de finances

La loi organique n° 2001-692 du 1er août 2001 relative aux lois de finances dispose qu'il en existe quatre catégories : la loi de finances de l'année, les lois de finances rectificatives, la loi de règlement et les lois de finances intervenant en cas de circonstances exceptionnelles (Const., art. 47-4). La loi de finances de l'année est unique et obligatoire, elle est adoptée par le Parlement pendant un délai de soixante-dix jours sur proposition du Gouvernement. Les lois de finances rectificatives modifient en cours d'année la loi de finances initiale pour des raisons politiques et économiques, elles ne sont pas obligatoires. La loi de règlement définitif du budget est votée au cours de la deuxième année qui suit l'année budgétaire. Elle récapitule les résultats de l'exécution des lois de finances pour l'année budgétaire. Les lois de finances sont seules habilitées à régir les finances publiques mais ne peuvent contenir de dispositions étrangères à l'objet des lois de finances (cavaliers budgétaires).

Loi organique

Loi votée par le Parlement selon une procédure plus lourde (consultation automatique du Conseil constitutionnel et nécessité de réunir une majorité absolue) en raison de l'importance de son objet : compléter les dispositions de la Constitution relatives à l'organisation des pouvoirs publics.
→ Const. 4 oct. 1958, art. 6, 13, 23, 25, 27, 34, 47, 57, 61, 63 à 65, 68, 71

M

Majeur protégé

Personne physique ayant atteint l'âge de la majorité légale (actuellement fixé à dix-huit ans), mais qui en raison d'une altération de ses facultés mentales ou corporelles qui

l'empêche de pourvoir seule à ses intérêts est placée sous un des quatre régimes de protection prévus par la loi. Ces régimes sont la sauvegarde de justice, l'habilitation familiale, la curatelle et la tutelle, les deux derniers limitant la capacité du majeur.
→ C. civ., art. 415 et s.

Mauvaise foi

Comportement de celui qui agit en sachant qu'il est en tort ou en ayant l'intention de tromper autrui ou de lui nuire.

Meuble

Bien caractérisé par sa mobilité et pour lequel le législateur retient la qualification de meuble en raison de sa nature ou de la détermination de la loi.
→ C. civ., art. 527 et s.

Mineur

Personne physique qui n'a pas atteint l'âge de la majorité légale (actuellement fixé à dix-huit ans) et que la loi, en raison de son jeune âge, place sous un régime de protection et prive de la possibilité d'exercer elle-même ses droits (c'est-à-dire qui est frappée d'une incapacité d'exercice).
→ C. civ., art. 388 et s.

N

Non-lieu

Décision mettant fin à la procédure, rendue par une juridiction d'instruction qui constate qu'il n'existe pas de charges suffisantes contre la personne mise en examen pour la renvoyer devant la juridiction de jugement.
→ CPP, art. 177, 212

Non-rétroactivité

1. Caractéristique des mécanismes qui prennent effet au jour de leur constitution et qui n'ont pas d'effet pour le passé.
2. (De la loi) Fait pour la loi de régir les situations postérieures à son entrée en vigueur et les effets futurs des situations en cours, mais de ne pas remettre en cause les situations terminées et les effets déjà réalisés de situations encore en cours. Cette règle est un principe à valeur législative, sauf en droit pénal où il s'agit d'un principe à valeur constitutionnelle (que le législateur ne peut pas enfreindre).
→ C. civ., art. 2 ; DDHC, art. 8 ; C. pén., art. 112-1

Nullité

Sanction entraînant la disparition rétroactive d'un acte juridique dont les conditions de formation n'ont pas été respectées. La nullité est en principe prononcée par le juge mais elle peut être constatée d'un commun accord par les parties.
→ C. civ., art. 1178 et s.

O

Opposabilité

Effet d'un acte, d'un droit, ou d'une décision de justice qui n'a pas force obligatoire à l'égard des tiers, mais qui peut être invoqué contre eux, voire par eux.

Ordonnance

1. Acte réglementaire permettant au gouvernement d'intervenir, sur renvoi législatif, dans une matière contenue dans le domaine de la loi.
→ Const. 4 oct. 1958, art. 38
2. Mesures législatives nécessaires à la mise en place des institutions de la Ve République et prises par le gouvernement durant les quatre premiers mois du régime.
→ Const. 4 oct. 1958, art. 92, ab. par L. const. 4 août 1995
3. Acte juridique de valeur législative ou constitutionnelle pris par un organe exécutif en raison de circonstances particulières.
→ Ord. 9 août 1944
4. Décision rendue soit par un chef de juridiction (ex. : ordonnance en référé), soit par un magistrat chargé d'une fonction particulière, par exemple de l'instruction (ordonnance de clôture de l'instruction).

P

Pacte civil de solidarité (PACS)

Contrat réglementé par la loi et conclu par deux personnes majeures célibataires (de sexe différent ou de même sexe) pour organiser leur vie commune.
→ C. civ., art. 515-1 à 515-7-1

Parent

1. Père ou mère d'une personne.
2. Personne avec laquelle on a un lien de parenté (c'est-à-dire avec laquelle on a un ancêtre commun).

Parlementaire

Représentant de la nation, élu au sein d'une assemblée parlementaire, doté d'un statut protecteur pour exercer sa mission en toute liberté.
→ Const. 4 oct. 1958, art. 24 à 27

Partie

Personne liée par un acte juridique ou engagée dans un procès.

Peine

Sanction pénale attachée par un texte pénal à la définition d'une infraction et qui est la conséquence de la commission de cette infraction.

Personnalité juridique

Aptitude à être titulaire de droits et d'obligations. Cette aptitude est inhérente à la personne humaine, c'est-à-dire que toute personne physique en bénéficie de sa naissance à sa mort. Cette aptitude est également reconnue selon des conditions variables aux personnes morales (c'est-à-dire à des groupements qui sont admis à être sujet de droit).

Possession

Situation de fait exercée sur un bien mobilier ou immobilier qui suppose une emprise matérielle sur ce bien (corpus), mais aussi l'intention de se comporter comme un propriétaire (animus).
→ C. civ., art. 2255 et s.

Pourvoi

Recours formé contre une décision rendue en dernier ressort et porté, soit devant la Cour de cassation, soit devant le Conseil d'État.

Prescription

Mécanisme prenant en compte l'écoulement du temps pour faire naître ou disparaître un droit.

Présomption

Mécanisme juridique consistant à induire un fait incertain d'un fait certain. Ce mécanisme est retenu quand la nature du fait incertain le rend très difficile à établir et qu'il découle le plus souvent d'un fait plus facile à établir. Les présomptions peuvent être légales (c'est-à-dire instaurées de manière générale par la loi), du fait de l'homme (c'est-à-dire être construites par le juge pour un cas particulier, cette possibilité n'étant admise que lorsque la preuve par témoin est admise) ou, dans certaines limites, conventionnelles.
→ C. civ., art. 1355

Procès

Mode juridictionnel de règlement des litiges.

Promulgation

Décret du président de la République qui atteste l'existence d'une loi votée et ordonne aux autorités publiques de l'observer. La promulgation est, avec la publication au *Journal officiel*, une condition d'entrée en vigueur de la loi.

Q

Question prioritaire de constitutionnalité (QPC)

Mécanisme constitutionnel permettant à tout justiciable de solliciter l'abrogation d'une disposition législative portant atteinte aux droits et libertés garantis par la Constitution. La QPC est filtrée par les juridictions du fond puis renvoyée, après filtrage par la Cour de cassation ou le Conseil d'État, devant le Conseil constitutionnel.
→ Const. 4 oct. 1958, art. 61-1

R

Responsabilité civile

Obligation de réparer un dommage causé, en nature (ex. : destruction d'un ouvrage) ou par équivalent (versement de dommages et intérêts).

Rétroactivité de la loi

Fait pour la loi de régir des situations qui paraissaient définitivement réglées avant sa promulgation. La rétroactivité de la loi est interdite, mais par une règle de valeur législative, ce qui permet au législateur de passer outre.
→ C. civ., art. 2

S

Saisine

1. Opération consistant à déférer un texte juridique (loi votée, traité international) devant le juge constitutionnel et ayant pour effet principal de déclencher le contrôle de constitutionnalité.
→ Const. 4 oct. 1958, art. 61

2. Lettre adressée par les requérants au juge constitutionnel mentionnant parfois les griefs opposés à l'encontre d'une loi et publiée au *Journal officiel de la République française* en annexe de la décision constitutionnelle.

3. Prise de possession, au jour du décès, des biens successoraux, accordée de plein droit à l'héritier ab intestat ou au légataire universel (en l'absence d'héritier réservataire), lui permettant d'exercer immédiatement les droits du défunt sans avoir à accomplir la moindre formalité.
→ C. civ., art. 724, 1004, 1006, 1030, 1030-1

Signature

Symbole apposé à un document par une personne et permettant d'identifier cette personne et ainsi d'attester qu'elle a consenti à l'acte ou qu'elle l'a rédigé (lorsque sa signature est nécessaire pour lui conférer un caractère authentique).
→ C. civ., art. 1367

Source de droit

1. Organe, autorité ou mécanisme ayant le pouvoir de créer des règles de droit, c'est-à-dire des règles obligatoires dont le respect sera assuré, si besoin est, par la contrainte étatique. Les sources du droit sont en principe formelles, c'est-à-dire qu'elles sont formulées par un organe créé à cet effet (ex.: la loi). Mais d'autres éléments contribuent à la formation du droit (ex. : jurisprudence, doctrine) que certains classent dans les sources du droit,

d'autres leur concédant seulement le titre d'autorité.
2. Élément ayant la faculté d'influer sur la création d'une règle de droit.
3. Élément permettant la création d'un droit subjectif.

T

Traité

Accord de volonté conclu entre deux ou plusieurs sujets du droit international et destiné à produire les effets qu'en attendent ses auteurs.
→ Conv. Vienne, 23 mai 1969

Tutelle

Régime de protection applicable aux mineurs qui ne sont pas soumis à l'autorité parentale et aux majeurs qui souffrent d'une altération de leurs facultés mentales telle qu'elle justifie qu'ils soient privés de leur capacité d'exercice, c'est-à-dire qu'ils soient représentés de manière continue pour les actes de la vie civile par leur tuteur, sous la surveillance du subrogé tuteur et du conseil de famille. Ce régime est le plus protecteur (comparé à la curatelle et à la sauvegarde de justice).
→ C. civ., art. 390, 440 et s.

U

Urbanisme

Ensemble des règles et des opérations relatives à l'aménagement des espaces urbains. Le Code de l'urbanisme rassemble l'essentiel des règles applicables.

Usufruit

Droit réel temporaire constitué par un démembrement de propriété permettant à un usufruitier de se servir du bien ou d'en recevoir les revenus, mais non d'en disposer.
→ C. civ., art. 578 et s.

EXPRESSIONS ET LOCUTIONS LATINES

Présentation

Le latin est la langue maternelle du droit ! Voici quelques expressions et locutions latines qu'il sera bon de connaître dès son entrée à l'université.

Ces entrées sont tirées de :

Henri Roland, *Lexique juridique des expressions latines*, LexisNexis, 7e éd., juin 2016.

A

Ab initio. – *Dès le début.*

Marque la rétroactivité d'un mécanisme. La nullité opère *ab initio* car elle anéantit l'acte juridique du jour de sa conclusion.

Ab intestat. – *Sans testament.*

S'applique soit à la succession dévolue selon les règles légales à défaut de testament laissé par le défunt ou en présence d'un testament nul ou caduc, soit à l'héritier d'un *intestat* appelé de ce fait par la loi.

Absoluta sententia expositore non indiget. – *Une phrase claire n'a pas besoin d'être interprétée.*

Quand la clause d'un écrit est claire et précise, il n'y a pas matière à interprétation ; les juges du fond n'ont d'autre pouvoir que de l'appliquer strictement, sinon il y a vice de dénaturation donnant ouverture à cassation.

Abusus. – *Pouvoir de disposition.*

Désigne le droit pour le propriétaire de disposer de sa chose soit juridiquement, par aliénation ou abandon, soit matériellement, par transformation, destruction ou consommation. Constitue, avec l'*usus* et le *fructus*, l'un des attributs du droit de propriété.

Accessorium sequitur principale. – *L'accessoire suit le principal.*

Cette maxime explique, d'abord, l'extension automatique du droit transféré, sauf convention contraire, aux dépendances de la chose qui en est l'objet : la chose léguée ou vendue doit être livrée avec les accessoires qui la complètent. Elle rend compte, ensuite, de l'accroissement de la propriété par le phénomène de l'accession : lorsque deux biens appartenant à des propriétaires différents sont unis naturellement ou artificiellement, le propriétaire du bien principal devient propriétaire du bien accessoire. Enfin, elle conduit, parfois, à communiquer à l'accessoire la nature juridique du principal, par exemple à considérer comme des propres les valeurs nouvelles se rattachant à des valeurs anciennes propres, quoiqu'elles aient été payées avec de l'argent commun.

A contrario. – *Par le contraire.*

Le raisonnement *a contrario* se fonde sur l'opposition des hypothèses pour conclure à l'opposition des conséquences : en présence d'une disposition édictant une règle pour tel cas, on infère la solution contraire pour les cas qu'elle ne prévoit pas.

Ad hoc. – *À cet effet.*

Locution utilisée pour marquer que telle personne ou tel organe est investi d'une mission très précise et que ses pouvoirs sont limités à ce seul objet (administrateur *ad hoc*, commission *ad hoc*). Signifie, aussi, approprié à l'espèce : argument *ad hoc*.

Affectio societatis. – *Intention de s'associer.*

Un des éléments du contrat de société impliquant un esprit de collaboration et de partage entre les associés.

A pari. – *Par analogie.*

Abréviation de *a pari causa* ou *a pari ratione* (pour une cause ou une raison semblable). L'argument *a pari*, qui conduit à l'interprétation extensive d'un texte, se fonde sur une parité de motifs pour conclure à une identité de solutions.

A simili. – *Par similitude.*

Raccourci de *a simili ratione* (pour une raison semblable). Qualifie le raisonnement qui s'appuie sur la similitude des situations pour en induire une identité de régime.

B-C

Bis de eadem re ne sit actio. – *Une nouvelle action ne peut être engagée pour la même affaire.*

Lorsqu'une contestation a été tranchée par le juge, sa décision clôt le procès qui ne peut être recommencé ; c'est l'autorité de la chose jugée. Le plaideur succombant qui tenterait, par une nouvelle instance, de revenir sur ce qui a été jugé se heurterait à l'exception de chose jugée (*exceptio rei judicatae*) frappant sa demande d'irrecevabilité. Mais, l'immutabilité de la chose jugée se combinant avec sa relativité, l'autorité de la chose jugée n'empêche un second procès que si celui-ci présente par rapport au précédent une identité d'objet, de cause et de parties.

Causa. – *Cause.*

1. But immédiat que le contractant a en vue lorsqu'il s'oblige. 2. Fait générateur de dommage engageant la responsabilité de son auteur. 3. Fondement de la demande en justice.

Cogitationis poenam nemo patitur. – *Nul n'est punissable pour une simple intention (criminelle).*

Il n'y a pas d'infraction sans élément matériel, pas d'escroquerie, par exemple, s'il n'y a prise d'un faux nom ou d'une fausse qualité ou emploi de manœuvres frauduleuses ; le projet délictueux inscrit dans la conscience n'est pas pénalement répréhensible : les pensées sont libres de tout tribut, disait Loysel. Les inconvénients découlant de l'impunité de la criminalité intellectuelle sont atténués par la prise en compte de l'état dangereux (conduite en état d'ivresse, usage de stupéfiants, port d'armes prohibées...) et la répression de la tentative, notamment de celle qui s'est manifestée par un commencement d'exécution et qui n'a été suspendue ou n'a manqué son effet que par des circonstances indépendantes de la volonté de son auteur.

Commodum ejus esse debet cujus periculum est. – *Le profit doit aller à qui court le risque.*

La relation nécessaire que le droit établit entre le risque et le profit est particulièrement perceptible en matière de société. La part de chaque associé dans les bénéfices et sa contribution aux pertes se déterminent à proportion de sa part dans le capital social ; et la loi répute non écrite la clause qui supprimerait la vocation d'un associé aux bénéfices comme celle qui l'exonérerait des pertes (clauses léonines), parce que l'équilibre *commodum-periculum* serait rompu et qu'il est contraire à l'essence de la société de tout risquer sans profiter ou de profiter sans rien risquer.

Consuetudo legis habet vigorem. – *La coutume a force de loi.*

Dans un système normatif codifié comme le nôtre, la coutume ne saurait constituer une source du droit d'une valeur égale à celle de la loi. Son autorité est cantonnée à deux types de situation, d'une part aux cas où la loi elle-même renvoie aux usages pour le détail d'application comme en matière de propriété foncière (usages ruraux) ou de contrat (usages conventionnels), d'autre part aux cas où il y a insuffisance ou silence de la loi. En revanche, quand une règle légale existe mais qu'un usage contraire s'est établi, la coutume ne peut pas prévaloir contre elle ; à défaut, l'abrogation par désuétude serait consacrée, puisqu'il suffirait de ne pas appliquer la loi pour la rendre caduque, et le principe de légalité gravement ébranlé.

Contra legem. – *À l'encontre de la loi.*

Employé pour qualifier la règle (coutume, usage, pratique) établie en contradiction avec une disposition impérative de la loi ou du règlement.

Crimen extinguitur mortalitate. – *La mort éteint le crime.*

En droit moderne, il n'y a plus de procès aux cadavres ni à la mémoire des morts. Le décès du délinquant empêche que l'action publique soit mise en mouvement, ou poursuivie lorsqu'elle a été préalablement engagée. Il fait obstacle, aussi, à ce que les héritiers soient poursuivis et condamnés, car le principe est la responsabilité pénale individuelle et la personnalité des peines. Par contre, l'action civile, qui n'intéresse que la réparation, n'est pas éteinte ; elle survit devant la juridiction répressive si elle a été formée avant la mort du prévenu, devant la juridiction civile lorsqu'elle est introduite postérieurement.

D

Dare in solutum est vendere. – *Donner en paiement c'est vendre.*

Lorsque le créancier accepte de recevoir une chose autre que celle qui était prévue dans la convention, par exemple un tableau ou un terrain à la place d'une somme d'argent, l'obligation est éteinte et le débiteur libéré. Avec ce mode de libération, dénommé *dation en paiement*, tout se passe comme si le débiteur vendait son tableau ou son terrain pour une somme correspondant au montant de sa dette d'argent : le créancier devient propriétaire du bien et en paie le prix par compensation avec sa créance. La ressemblance entre les deux opérations est telle que l'essentiel du régime de la vente est applicable à la dation en paiement : rescision pour lésion de plus des sept douzièmes, garantie contre l'éviction, privilège du vendeur.

De cujus. – *Celui dont..., le défunt.*

Abréviation de la formule latine « *is de cujus successione agitur* » (celui de la succession duquel il s'agit), servant à nommer la personne décédée dont la succession est ouverte.

De facto. – *De fait.*

1. Dans un sens général, indique l'examen purement factuel d'une question, sans recherche de la règle de droit applicable.

2. Dans un sens technique, propre au droit international public, vise une situation réellement existante sans être juridiquement reconnue : le gouvernement de Vichy a été déclaré gouvernement de fait.

De jure. – *De droit, selon la loi.*

1. Juridiquement, signifiant que la question est envisagée au plan du droit. 2. Sans pouvoir d'appréciation du juge (nullité de droit). 3. Appartenance automatique à telle instance en dehors de toute élection ou nomination (les anciens présidents de la République sont *de jure* membres du Conseil constitutionnel).

Dignitas non moritur. – *La dignité ne meurt pas (m. à m.).*

Selon cet aphorisme, si la jouissance d'une dignité est éphémère et s'éteint au décès de son titulaire, la dignité elle-même survit en tant qu'institution, assumée qu'elle est par de nouveaux dignitaires qui se succèdent sans solution de continuité. La formule médiévale imaginée par les légistes : « Le roi est mort, vive le roi ! » relève du même principe ; il n'y a pas vacance du pouvoir monarchique puisque le décès du souverain entraîne automatiquement et instantanément l'accès au trône de son héritier.

Dura lex, sed lex. – *La loi est dure, mais c'est la loi.*

La loi s'applique inexorablement, quelle que soit sa rigueur, sans égard aux résultats injustes ou aux conséquences excessives qu'elle peut engendrer. Son irrésistibilité et sa rigidité sont tempérées par le recours à des notions souples (bonne foi, bonnes mœurs, équité, turpitude, fraude, urgence, ordre public, faute, abus de droit, etc.) qui réintroduisent une réalité subjective dans l'ordre juridique, ouvrant à l'interprète et à l'autorité de décision le pouvoir de moduler la portée de la règle de droit.

E

Electio juris. – *Choix du droit.*

Se dit des situations dans lesquelles le régime juridique applicable est choisi par les intéressés. Il en va ainsi surtout dans le cadre international (les contrats sont régis par la *loi d'autonomie*, loi dont la compétence découle du choix, exprès ou tacite, effectué par les parties), mais aussi dans le cadre interne, notamment pour savoir qui l'emporte du droit commun ou du droit de la consommation : par exemple, il faut une stipulation de destination professionnelle, c'est-à-dire une clause *electio juris*, pour que le crédit échappe à la loi consumériste et relève du droit commun.

Est modus in rebus. – *En tout il y a des bornes.*

Le droit positif encadrant la vie individuelle et sociale, ses normes, logiquement ne peuvent avoir de portée absolue ; les règles ont leurs exceptions, les principes leurs conditions d'application.

Il n'est de meilleure illustration de cet esprit de juste mesure que la Convention européenne des droits de l'homme. Certes, il existe des droits intangibles qui ne comportent aucune exception et qui ne peuvent connaître de dérogations même au titre de circonstances exceptionnelles, comme le droit de ne pas être soumis à des peines ou à des traitements inhumains ou dégradants.

Mais la plupart des droits garantis par la Convention sont affectés de relativité, et ce pour deux causes. D'une part, il peut être porté atteinte à ces droits « dans la stricte mesure où la situation l'exige » en cas de guerre ou d'autre danger public menaçant la vie de la Nation. D'autre part, même en période normale, ces droits sont susceptibles de faire l'objet de limitations, à condition que ces limitations soient nécessaires, dans une société démocratique, à la sauvegarde de certaines valeurs. Par exemple, l'ingérence de l'autorité dans le droit au respect de la vie privée et familiale doit être prévue par la loi et justifiée par la sécurité nationale, la prévention des infractions pénales, la protection des droits et libertés d'autrui, etc.

Ex aequo et bono. – *Selon ce qui est équitable et bon.*

Se dit du jugement rendu selon l'équité, c'est-à-dire en dehors de toutes considérations juridiques, soit que la loi soit défaillante ou paraisse inique, soit que les parties en aient ainsi décidé en conférant au juge mission de statuer comme amiable compositeur.

Exceptio est strictissimae interpretationis. – *L'exception doit être interprétée restrictivement.*

L'exception, qu'elle concerne une mesure quasi individuelle (déchéance, privilège) ou qu'elle édicte une disposition spéciale pour un cas particulier, doit être confinée dans les strictes limites du texte qui l'institue ; il n'est de dérogation à la règle générale que textuellement prévue. La portée de ce principe dépend du nombre de cas exceptés car, s'ils sont trop nombreux, on est en droit de s'interroger sur le caractère exceptionnel de la norme ; en tout cas, l'extension analogique n'est pas aussi condamnable. Elle dépend, également, de l'importance des conséquences qui y sont attachées : si l'exception conduit à un régime gravement dérogatoire, elle est, à l'évidence, de droit strict.

F-G-H

Fructus. – *Droit aux fruits.*

Un des attributs du droit de propriété ou d'usufruit conférant le droit de percevoir les produits qu'une chose peut fournir périodiquement, sans diminution de sa propre substance : fruits naturels venant sans culture (foin), fruits industriels exigeant le travail de l'homme (céréales), fruits civils procurant un revenu en argent par suite d'un contrat (loyers).

Generalia specialibus non derogant. – *Ce qui est général ne déroge pas à ce qui est spécial.*

L'abrogation, lorsqu'elle est tacite, peut soulever un délicat problème d'interprétation : quelles sont les dispositions anciennes qui sont devenues incompatibles avec le texte nouveau et qui, de ce fait, se trouvent supprimées ? La question de la portée de l'abrogation est résolue quand il y a confrontation entre une loi générale et une loi spéciale, parce que la préférence est donnée à l'une des deux, ce qui dispense de toute recherche de compatibilité : l'adoption d'une loi générale n'affecte pas la loi spéciale antérieure, qui fera désormais figure d'exception par rapport au texte postérieur. C'est ainsi que la loi de 1974 qui a abaissé l'âge de la majorité à dix-huit ans, loi de portée générale, a laissé survivre toutes les dispositions particulières précédentes qui exigeaient dans tel ou tel cas un âge plus élevé.

Honoris causa. – *Pour l'honneur.*

Se dit des pratiques ou des dénominations dépourvues de force obligatoire, observées ou données en témoignage d'estime, en hommage à la valeur ou en marque de respect, comme l'attribution du titre de docteur *honoris causa* à une personnalité étrangère ou l'appellation de comtesse, à l'adresse d'une femme non titrée, parce qu'elle est l'épouse d'un comte.

I

Impossibilium nulla obligatio. – *À l'impossible nul n'est tenu.*

Plus précisément, il n'y a pas d'obligation quand l'objet est impossible.

Si l'impossibilité est d'origine, elle provoque la nullité des obligations contractées à condition, s'il s'agit d'un fait, qu'il y ait empêchement absolu et insurmontable (et non inaptitude propre au débiteur) et, s'il s'agit d'une chose, que cette chose n'existe pas dans la nature. Quand l'obligation est conditionnelle, la condition impossible rend nulle la convention qui en dépend dans les opérations à caractère onéreux, alors qu'elle est simplement réputée non écrite dans les actes à titre gratuit.

Si l'impossibilité survient plus tard, elle entraîne l'extinction de toutes les obligations contractuellement prévues, y compris celles qui sont encore réalisables : le débiteur frappé par l'impossibilité d'exécution ne doit pas de dommages et intérêts et le créancier de l'obligation éteinte par nécessité n'est pas tenu de la dette corrélative dont l'exécution serait pourtant possible.

Intestat. – *Sans testament.*

Caractérise la personne qui est décédée sans avoir fait de testament.

Ipso jure. – *En vertu du droit même.*

Qui se produit de plein droit, c'est-à-dire en l'absence d'une manifestation de volonté et en dehors de l'appréciation du juge, ce qui est le cas de la compensation légale ou de la saisine des héritiers.

J-L

Jus. – *Droit.*

Terme utilisé dans de nombreuses expressions et désignant tantôt l'ensemble des règles obligatoires gouvernant la vie en société, comme le *jus civile* ou le *jus gentium* (droit au sens objectif), tantôt le pouvoir reconnu sur un bien ou vis-à-vis d'une personne, tel le *jus abutendi* (droit au sens subjectif).

Jus est ars boni et aequi. – *Le droit est l'art du bon et de l'équitable.*

Cette célèbre définition de Celse ne peut être reçue que sous bien des réserves. Que le droit soit un art, celui de bien légiférer, de bien juger, n'est pas douteux, mais un tel constat ne conduit pas à lui dénier le caractère de science : le juriste a une démarche scientifique quand il analyse et classe les normes à l'aide d'instruments abstractifs (concepts, catégories, institutions), quand il procède à l'interprétation de la règle de façon raisonnée et logique, quand il propose une réforme, laquelle met en œuvre les outils de la technique juridique. Quant à l'affirmation générale que le droit réalise le bien et le juste, c'est oublier que cette discipline normative a pour premier objet d'assurer l'ordre et la sécurité dans la société, préoccupations étrangères à la moralisation des rapports sociaux.

Legatum. – *Legs.*

Acte par lequel un testateur dispose de tout ou partie de ses biens pour le temps où il ne sera plus.

À l'époque classique, à Rome, les legs étaient de plusieurs types : par condamnation (*per damnationem*), le testateur impose à l'héritier l'obligation de transférer la propriété au légataire ; par revendication (*per vendicationem*), le testateur confère directement la propriété au légataire ; par préciput (*per praeceptionem*), l'héritier bénéficiaire du legs peut prélever tel bien avant le partage de la succession, sans imputation sur sa part successorale.

Justinien, ayant supprimé les différentes formes de legs, laissa au testateur la liberté de léguer en termes quelconques, liberté qui subsiste de nos jours.

Leges respiciunt futura, non praeterita, nisi nominatim in eis de praeterita caveatur. – *Les lois concernent l'avenir, non le passé, à moins qu'on n'ait pris soin de disposer nommément pour le passé.*

Le principe de non-rétroactivité des lois n'étant pas une règle constitutionnelle (sauf en matière pénale), le législateur a la faculté d'adopter des dispositions rétroactives dès lors qu'elles sont justifiées par un motif d'intérêt général suffisant, mais à la condition de manifester nettement sa volonté en ce sens. À défaut de déclaration expresse dans la loi nouvelle, le juge doit s'en tenir à l'effet immédiat de la loi.

Il est pourtant des lois qui sont rétroactives par nature ; ce sont les lois *confirmatives* et les lois *interprétatives* pour lesquelles la rétroactivité est implicite.

Lex. – *Loi.*

1. Au sens formel, texte voté par le Parlement. 2. Au sens matériel, toute disposition générale, permanente et obligatoire, quelle que soit l'autorité l'ayant édictée (décret, ordonnance, arrêté). 3. Au sens figuré, ce qui a force obligatoire (le contrat tient lieu de loi aux parties).

En pratique, le mot *lex* est utilisé, non isolément, mais dans diverses expressions latines qualifiant ou spécifiant la règle de droit (*voir les expressions suivantes*).

En droit romain le vocable *lex* qualifiait toute disposition obligatoire, désignant aussi bien les clauses contractuelles liant les particuliers (*lex privata*) que les règles édictées par l'autorité publique obligeant tous les citoyens (*lex publica*).

N-O

Necessitas non habet legem. – *Nécessité n'a point de loi.*

L'état de nécessité, dans son application la plus sensible, est un fait justificatif : échappe à la répression pénale la personne qui, face à un danger actuel ou imminent qui menace elle-même, autrui ou un bien, accomplit un acte nécessaire à la sauvegarde de la personne ou du bien, sauf s'il y a disproportion entre les moyens employés et la gravité de la menace. Dans les autres branches du droit, la contrainte découlant des circonstances de temps, de lieu, de personne est également prise en considération, conduisant à des solutions d'une grande diversité : modification de la répartition des pouvoirs en cas d'état de siège, d'état d'urgence, de recours aux pouvoirs exceptionnels ; expropriation pour cause d'utilité publique ; reconnaissance d'un droit de passage au profit d'un fonds enclavé ; suppression des bans pour le mariage *in extremis*, etc.

Nemo legem ignorare censetur. – *Nul n'est censé ignorer la loi.*

Ob favorem. – *Par faveur.*

Se rapporte aux dispositions légales concédant un avantage à certaines catégories de personnes appelant une protection spéciale (bénéfice de la putativité pour l'époux de bonne foi), ou donnant la préférence dans le doute à l'un des intérêts en présence, par exemple à la liberté sur la répression (*In dubiis libertas*).

P

Pacta legem dant. – *Les conventions font loi.*

Cette proposition exprime l'idée qu'un accord de volonté a la même force que la loi. Le Code civil précise d'ailleurs : « Les conventions légalement formées tiennent lieu de loi à ceux qui les ont faites ».
Il en allait autrement en droit romain où le pacte était un accord non formel ne donnant pas droit à une action s'il n'était pas adjoint à un contrat dont il modifiait les conditions ou les effets.

Pater familias. – *Père de famille.*

Désignation romaine de la personne qui est à la tête d'un patrimoine et qui peut avoir d'autres personnes sous sa puissance. En pratique, homme marié exerçant un pouvoir de décision, à l'origine quasi illimité, sur la mère, les enfants, les esclaves ainsi que les parents vivant sous le même toit.
Actuellement ces mots ne sont plus utilisés que dans l'expression *bonus pater familias.*

Post factum. – *Après le fait.*

Ce qui vient ensuite ; marque la postériorité d'une opération par rapport à une autre : le traitement d'un fonctionnaire est payé *post factum*, une fois le service fait.

Post mortem. – *Après la mort.*

1. Dénomination des actes juridiques qui n'ont d'effet qu'à la mort de leur auteur (testament, assurance sur la vie, institution contractuelle). 2. Marque le moment à partir duquel la loi interdit telle opération : insémination artificielle, prélèvement d'organes si la personne en cause l'a refusé de son vivant, identification génétique sauf accord de l'intéressé de son vivant.

Professio juris. – *Déclaration du droit.*

Vise, s'agissant de la vie privée internationale, la déclaration par laquelle les intéressés choisissent la loi appelée à régir tel de leur rapport juridique. Par exemple, les époux peuvent, par une stipulation expresse, désigner la loi applicable à leur régime matrimonial ; le testateur peut désigner à l'avance la loi de l'État dont il possède la nationalité qu'il souhaite voir appliquer à l'ensemble de sa succession.

Pro rata temporis. – *Proportionnellement au temps écoulé.*

1. Répartition des droits et des obligations entre l'auteur et son ayant cause en fonction de la durée de jouissance respective : le vendeur d'un immeuble peut prétendre au remboursement d'une quote-part de la taxe foncière pour la période qui a suivi la vente.
2. D'une manière générale, mode de calcul fondé sur le temps et conduisant à l'application d'un pourcentage, dénommé dans la pratique courante proratisation.

Q-R

Quot capita, tot sensus. – *Autant de têtes, autant d'opinions.*

Exprime la non-concordance des avis exprimés par plusieurs personnes auxquelles la même question est posée. Ce constat de dissemblances est invoqué par les juristes pour défendre l'adoption, dans le fonctionnement des assemblées, de la loi de la majorité. C'est pourquoi, par exemple, le Conseil des ministres de l'Union européenne statue à la majorité qualifiée, définie comme étant égale à au moins 55 % des membres du Conseil (comprenant au moins quinze d'entre eux) et représentant des États membres réunissant au moins 65 % de la population de l'Union.
On dit aussi *quot omines, tot sententiae,* autant d'hommes, autant d'avis.

Ratio legis. – *Raison d'être de la loi.*

Pensée ayant présidé à l'élaboration de la loi et permettant d'en dégager l'esprit, servant de guide à l'interprète pour délimiter le champ d'application d'un texte que son libellé ne révèle pas.

Ratione materiae. – *En raison de la matière.*

Considération de la nature de la question, utilisée comme critère de répartition des compétences *juridictionnelles* (le contentieux administratif dépend des juridictions administratives, les litiges du travail relèvent du conseil de prud'hommes), des compétences *normatives* (domaine respectif de la loi et du règlement) et des compétences *administratives* (par ex., partage des pouvoirs entre le maire et le conseil municipal).

S

Sine die. – *Sans fixer de jour.*

Marque le report à une date ultérieure, qui n'est pas déterminée sur le calendrier, d'une obligation (clause de retour à meilleure fortune), d'une réunion (ajournement d'une conférence sans autre précision), d'une décision de justice (affaire mise en délibéré et non renvoyée à huitaine ou à quinzaine).

Specialia generalibus insunt. – *Les espèces sont comprises dans les généralités.*

Le vocable « *specialia* » ne vise pas la loi spéciale (il faudrait écrire les lois spéciales) envi-

sagée dans ses rapports avec la loi générale dans le cas où l'une succède à l'autre. La loi spéciale nouvelle déroge à la loi générale ancienne (*specialia generalibus derogant*), alors que la loi générale nouvelle laisse subsister la loi spéciale ancienne (*generalia specialibus non derogant*) ; il en ressort que la loi spéciale, loin d'être absorbée par la loi générale, a son propre destin.
Sous *specialia* il faut comprendre l'espèce opposée au genre (*generalibus*) dont il est une division et voir dans l'adage l'idée que la loi, disposition générale, impersonnelle et abstraite, statue sur le genre et, par conséquent, régit les espèces qui y sont incluses.

Sui generis. – *De son propre genre.*

Qualifie le contrat, l'institution, le mécanisme qui échappe, en raison de sa nature originale, au classement dans une catégorie connue et constitue un genre en soi.

Summa divisio. – *Division la plus élevée.*

Dans une classification, distinction majeure englobant la totalité de la matière. La distinction des meubles et des immeubles est la *summa divisio* des biens.

U

Usus. – *Droit d'usage.*

1. Un des attributs de la propriété et de l'usufruit permettant de se servir d'une chose conformément à sa destination, résultant de certains contrats comme le bail ou le prêt à usage. 2. Droit réel, incessible et insaisissable, conférant l'usage d'une chose et la jouissance de ses fruits dans la limite des besoins de l'usager et de sa famille uniquement.

Ususfructus. – *Usufruit.*

Droit réel, temporaire ou viager, regroupant l'*usus*, droit de se servir de la chose, et le *fructus*, droit de percevoir les fruits, dont la source peut être volontaire (contrat, testament) ou légale (par ex., droit de jouissance légale des père et mère).

Ut singuli. – *En tant que chacun en particulier, à titre individuel.*

Se dit des biens ou des droits appartenant à un ensemble, mais que l'on considère séparément, un à un, et qui de ce fait obéissent à un régime juridique propre. Exemple : les meubles d'une personne, si on les prend isolément, sont régis par la loi du pays où ils sont respectivement situés (plusieurs lois peuvent être compétentes), alors que, si on les envisage globalement comme composant l'actif mobilier d'une succession, ils dépendent d'une loi unique, celle du dernier domicile du défunt.
S'emploie aussi pour qualifier l'action en responsabilité exercée, pour le compte de la société, par un seul associé contre les gérants en réparation du préjudice subi par la société.

V

Vacuum juris. – *Vide juridique.*

Se dit lorsqu'une situation reste en dehors des prévisions du droit positif, telle la situation du couple dont l'un des membres a fait l'objet d'une réassignation sexuelle. En français, on parle de non-droit.

Visa. – *Chose vue ; Vu.*

1. Partie liminaire d'une décision de justice ou d'un acte administratif indiquant les textes qui lui servent de fondement, mentionnant les formalités qui ont été suivies, précisant, le cas échéant, l'acte de procédure auquel il se réfère. 2. Mention d'une signature ou d'un paraphe, accompagnée d'un cachet, que l'autorité qualifiée appose sur un document qui lui a été présenté et qu'elle a vu, servant à des fins diverses : validation (visa du permis de chasser), autorisation (visa apposé sur un passeport), constatation (visa du greffier sur les conclusions), etc.

Table des matières

TROISIÈME PARTIE

OUTILS PRATIQUES

OUVRAGES ET CODES LEXISNEXIS

Objectif droit

Des outils synthétiques et pratiques qui facilitent la compréhension et l'apprentissage en vue des examens.

OBJECTIF DROIT – COURS

- **COMPRENDRE LA CONSTITUTION DE 1958** – Jean-Éric GICQUEL
- **CONTENTIEUX ADMINISTRATIF** – Delphine COSTA
- **DROIT COMMERCIAL** – Bruno PETIT
- **DROIT CONSTITUTIONNEL** – Roland DEBBASCH
- **DROIT DE LA PROPRIÉTÉ INDUSTRIELLE** – Hélène GAUMONT-PRAT
- **DROIT DE LA PROTECTION SOCIALE** – Emeric JEANSEN
- **DROIT DE L'URBANISME** – Jean-François DAVIGNON
- **DROIT DES ASSURANCES** – Jérôme BONNARD
- **DROIT DES BIENS** – Jean-Baptiste SEUBE
- **DROIT DES OBLIGATIONS – CONTRAT ET QUASI-CONTRAT** – Philippe DELEBECQUE et Frédéric-Jérôme PANSIER
- **DROIT DES OBLIGATIONS – RÉGIME GÉNÉRAL** – Philippe DELEBECQUE et Frédéric-Jérôme PANSIER
- **DROIT DES OBLIGATIONS – RESPONSABILITÉ CIVILE, DÉLIT ET QUASI-DÉLIT** – Philippe DELEBECQUE et Frédéric-Jérôme PANSIER
- **DROIT DES RÉGIMES MATRIMONIAUX** – Annie LAMBOLEY et Marie-Hélène LAURENS-LAMBOLEY

• **DROIT DES RELATIONS INTERNATIONALES** – Philippe BLACHER et Kiara NERI

• **DROIT DES SOCIÉTÉS** – Bruno PETIT

• **DROIT DES SÛRETÉS** – Pascal ANCEL et Olivier GOUT

• **DROIT DU SERVICE PUBLIC** – Didier LINOTTE, Raphaël ROMI et Emmanuel CADEAU

• **DROIT DU TRAVAIL** – Frédéric-Jérôme PANSIER

• **DROIT GÉNÉRAL DE L'ENVIRONNEMENT** – Éric NAIM-GESBERT

• **DROIT GÉNÉRAL DE L'UNION EUROPÉENNE** – Jérôme ROUX

• **DROIT INTERNATIONAL PRIVÉ** – Françoise MONÉGER

• **DROIT PÉNAL GÉNÉRAL** – Stéphanie FOURNIER

• **DROIT PUBLIC ÉCONOMIQUE** – Sébastien BERNARD

• **HISTOIRE DU DROIT DES OBLIGATIONS** – Emmanuelle CHEVREAU, Yves MAUSEN et Claire BOUGLE

• **INSTITUTIONS ADMINISTRATIVES** – Pascal JAN

• **INTRODUCTION GÉNÉRALE AU DROIT** – Daniel MAINGUY

• **PROCÉDURE CIVILE** – Hervé CROZE

• **PROCÉDURE PÉNALE** – Étienne VERGÈS

• **SUCCESSIONS ET LIBERALITÉS** – Jean MAURY

OBJECTIF DROIT – TD

• **TRAVAUX DIRIGÉS DE DROIT ADMINISTRATIF GÉNÉRAL** – Benoît PLESSIX, Marion UBAUD-BERGERON et Nathalie DEFFAINS

• **TRAVAUX DIRIGÉS DE DROIT BANCAIRE** – Jean STOUFFLET, Nicolas MATHEY, Hervé CAUSSE et Jean-François RIFFARD

• **TRAVAUX DIRIGÉS DE DROIT CONSTITUTIONNEL** – Philippe BLACHER

• **TRAVAUX DIRIGÉS DE DROIT DE LA PROTECTION SOCIALE** – Philippe COURSIER

• **TRAVAUX DIRIGÉS DE DROIT DES OBLIGATIONS** – Pascal PUIG, Clémence MOULY et Jean-Baptiste SEUBE

• **TRAVAUX DIRIGÉS DE DROIT DES RÉGIMES MATRIMONIAUX** – Annie LAMBOLEY et Marie-Hélène LAURENS-LAMBOLEY

• **TRAVAUX DIRIGÉS DE DROIT DES RELATIONS COLLECTIVES DE TRAVAIL** – Emeric JEANSEN et Yannick PAGNERRE

• **TRAVAUX DIRIGÉS DE DROIT DES RELATIONS INDIVIDUELLES DE TRAVAIL** – Sous la direction de Paul-Henri ANTONMATTEI, Alain CHEVILLARD, Anaëlle DONNETTE et Christine NEAU-LEDUC

• **TRAVAUX DIRIGÉS DE DROIT DES SOCIÉTÉS** – Michel GERMAIN et Jean-Pierre LEGROS

• **TRAVAUX DIRIGÉS DE DROIT DES SÛRETÉS** – Dominique LEGEAIS

• **TRAVAUX DIRIGÉS DE DROIT INTERNATIONAL PRIVÉ** – Sous la direction de Hugues FULCHIRON, Cyril NOURISSAT, Edouard TREPPOZ et Alain DEVERS

• **TRAVAUX DIRIGÉS DE DROIT PÉNAL ET DE PROCÉDURE PÉNALE** – Philippe BONFILS, Etienne VERGÈS et Nicolas CATELAN

• **TRAVAUX DIRIGÉS D'INTRODUCTION AU DROIT ET DROIT CIVIL** – Pascal ANCEL, Olivier GOUT et Ingrid MARIA

OBJECTIF DROIT – MÉTHODOLOGIE

• **MÉTHODOLOGIE DE LA RECHERCHE EN DROIT** – Raphaël ROMI

• **MÉTHODOLOGIE DES ÉPREUVES D'ACCÈS AU CRFPA** – Sous la direction de Daniel BERT

• **MÉTHODOLOGIE DU DROIT** – Frédéric-Jérôme PANSIER

DICTIONNAIRES

• **DICTIONARY OF THE CIVIL CODE** – Sous la direction d'Alain LEVASSEUR et Marie-Eugénie LAPORTE-LEGEAIS

• **DICTIONNAIRE DU VOCABULAIRE JURIDIQUE 2020** – Sous la direction de Rémy CABRILLAC

• **GUIDE DE L'ANGLAIS DES CONTRATS D'AFFAIRES** – Myriam DEMAN et Magali JULIAN

• **LEXIQUE JURIDIQUE DES EXPRESSIONS LATINES** – Henri ROLAND

HORS COLLECTION

• **DEVENIR JURISTE** – Christian ATIAS

• **HISTOIRE JURIDIQUE DE LA CONSTRUCTION DE L'ÉTAT** – Antoine LECA

MANUEL

Indispensable, complet et pédagogique, un Manuel permet d'accompagner et d'approfondir les enseignements dispensés en faculté.

- **CONTENTIEUX ADMINISTRATIF** – Olivier GOHIN et Florian POULET
- **CRIMINOLOGIE** – Patrick MORVAN
- **DROIT ADMINISTRATIF GÉNÉRAL** – Benoît PLESSIX
- **DROIT ADMINISTRATIF DES BIENS** – Norbert FOULQUIER
- **DROIT BANCAIRE** – Christian GAVALDA (†) et Jean STOUFFLET (†)
- **DROIT CIVIL DES CONTRATS SPÉCIAUX** – Jacques RAYNARD et Jean-Baptiste SEUBE
- **DROIT DES PERSONNES** – Bernard TEYSSIÉ
- **DROIT COMMERCIAL** – Yves REINHARD, Sylvie THOMASSET-PIERRE et Cyril NOURISSAT
- **DROIT CONSTITUTIONNEL** – Olivier GOHIN
- **DROIT D'AUTEUR ET DROITS VOISINS** – Christophe CARON
- **DROIT DE LA CONCURRENCE** – Daniel MAINGUY et Malo DEPINCÉ
- **DROIT DE LA DISTRIBUTION** – Didier FERRIER et Nicolas FERRIER
- **DROIT DE LA FAMILLE** – Vincent ÉGÉA
- **DROIT DE LA PEINE** – Évelyne BONIS-GARCON et Virginie PELTIER
- **DROIT DE LA PROTECTION SOCIALE** – Patrick MORVAN
- **DROIT DES AFFAIRES DE L'UNION EUROPÉENNE** – Christian GAVALDA (†), Gilbert PARLEANI et Benoît LECOURT
- **DROIT DES ENTREPRISES EN DIFFICULTÉ** – André JACQUEMONT, Nicolas BORGA et Thomas MASTRULLO
- **DROIT DES CONTRATS ADMINISTRATIFS** – Marion UBAUD-BERGERON
- **DROIT DES OBLIGATIONS** – Philippe MALINVAUD, Mustapha MEKKI et Jean-Baptiste SEUBE
- **DROIT DES SERVICES PUBLICS** – Hélène PAULIAT, Jean-François LACHAUME et Clothilde DEFFIGIER

- **DROIT DES SOCIÉTÉS –** Maurice COZIAN (†), Alain VIANDIER et Florence DEBOISSY
- **DROIT DES SUCCESSIONS –** Michel GRIMALDI
- **DROIT DES SÛRETÉS –** Michel CABRILLAC (†), Christian MOULY, Philippe PÉTEL et Séverine CABRILLAC
- **DROIT DES TRANSPORTS –** Stéphane PIEDELIEVRE et Dominique GENCY-TANDONNET
- **DROIT DU COMMERCE INTERNATIONAL –** Jean-Marc MOUSSERON, Jacques RAYNARD, Régis FABRE et Jean-Luc PIERRE. Avec le concours de Thérèse-Anne AMY
- **DROIT DU TRAVAIL – RELATIONS COLLECTIVES –** Bernard TEYSSIÉ
- **DROIT DU TRAVAIL – RELATIONS INDIVIDUELLES –** Bernard TEYSSIÉ, Jean-François CESARO et Arnaud MARTINON
- **DROIT EUROPÉEN DU TRAVAIL –** Bernard TEYSSIÉ
- **DROIT FISCAL GÉNÉRAL –** Jean LAMARQUE, Olivier NÉGRIN et Ludovic AYRAULT
- **DROIT INSTITUTIONNEL DE L'UNION EUROPÉENNE –** Claude BLUMANN et Louis DUBOUIS
- **DROIT PÉNAL DES AFFAIRES –** Agathe LEPAGE, Patrick MAISTRE DU CHAMBON et Renaud SALOMON
- **DROIT PÉNAL DU TRAVAIL –** Alain CŒURET, Élisabeth FORTIS et François DUQUESNE
- **DROIT PÉNAL GÉNÉRAL –** Emmanuel DREYER
- **DROIT PÉNAL SPÉCIAL –** Philippe CONTE
- **DROIT PUBLIC ÉCONOMIQUE –** Didier LINOTTE, Dorian PIETTE et Raphaël ROMI
- **DROIT PUBLIC GÉNÉRAL –** Sous la direction de Michel DE VILLIERS et Thibault de BERRANGER
- **FINANCES LOCALES –** Jean-François PICARD
- **FINANCES PUBLIQUES –** Jean-François PICARD
- **DROIT JUDICIAIRE PRIVÉ –** Loïc CADIET et Emmanuel JEULAND
- **HISTOIRE DES INSTITUTIONS –** Martial MATHIEU
- **INSTITUTIONS JUDICIAIRES –** Francis KERNALEGUEN

- **INSTRUMENTS DE PAIEMENT ET DE CRÉDIT** – Jean STOUFFLET (†)
- **INTRODUCTION À L'ÉTUDE DU DROIT** – Philippe MALINVAUD
- **L'ADMINISTRATION DE L'ÉTAT** – Patrick GÉRARD
- **L'ADMINISTRATION FRANCAISE – Politique, droit et société, Tome 1 (1789-1870)** – Grégoire BIGOT
- **L'ADMINISTRATION FRANCAISE – Politique, droit et société, Tome 2 (1870-1944)** – Grégoire BIGOT et Tiphaine Le YONCOURT
- **GRANDS SYSTÈMES DE DROIT CONTEMPORAIN** – Raymond LEGEAIS
- **PROCÉDURE PÉNALE** – Serge GUINCHARD et Jacques BUISSON
- **RELATIONS INTERNATIONALES CONTEMPORAINES** – Jean-François GUILHAUDIS et la collaboration de Louis BALMOND
- **RESPONSABILITE CIVILE EXTRACONTRACTUELLE** – Philippe BRUN
- **VOIES D'EXÉCUTION ET PROCÉDURES DE DISTRIBUTION** – Jean-Baptiste DONNIER et Marc DONNIER

PRÉCIS FISCAL

Fondée par Maurice Cozian (†), une collection de référence pour des générations d'étudiants.

• **COMPTABILITÉ ET FISCALITÉ : DU RÉSULTAT COMPTABLE AU RÉSULTAT FISCAL** – Arnaud de BISSY

• **EXERCICES DE FISCALITÉ DES ENTREPRISES 2019-2020** – Maurice COZIAN (†) et Martial CHADEFAUX

• **FISCALITÉ DE LA CESSION D'ENTREPRISE** – Yann JUDEAU

• **FISCALITÉ DES SOCIÉTÉS ET DES RESTRUCTURATIONS** – Philippe OUDENOT

• **FISCALITÉ IMMOBILIÈRE** – Jean SCHMIDT (†) et Emmanuel KORNPROBST

• **FISCALITÉ INTERNATIONALE DU PATRIMOINE** – Philippe REBATTET

• **LA COMPTABILITÉ RACONTÉE AUX JURISTES** – Maurice COZIAN (†), et Pierre-Jean GAUDEL

• **PRÉCIS DE DROIT FISCAL DE LA FAMILLE** – Frédéric DOUET

• **PRÉCIS DE FISCALITÉ DES ASSURANCES ET DES INDEMNITÉS** – Frédéric DOUET

• **PRÉCIS DE FISCALITÉ DES ENTREPRISES 2019-2020** – Maurice COZIAN (†), Martial CHADEFAUX et Florence DEBOISSY

CODES BLEUS

Annoté ou commenté, chaque Code offre une sélection rigoureuse des textes et de la jurisprudence, des références bibliographiques et des annexes particulièrement riches.

- **CODE CIVIL** – Sous la direction de Laurent LEVENEUR
- **CODE DE COMMERCE** – Sous la direction de Philippe PÉTEL
- **CODE CONSTITUTIONNEL** – Sous la direction de Michel de VILLIERS, Thierry S. RENOUX et Xavier MAGNON
- **CODE DE JUSTICE ADMINISTRATIVE** – Sous la direction de Christian HUGLO et Corinne LEPAGE
- **CODE DE L'ANIMAL** – Sous la direction de Jean-Pierre MARGUÉNAUD et Jacques LEROY
- **CODE DE L'ARBITRAGE COMMENTÉ** – Thomas CLAY
- **CODE DE LA CONSOMMATION** – Sous la direction de Laurent LEVENEUR
- **CODE DE LA CONSTRUCTION ET DE L'HABITATION** – Jean-Michel BERLY et Pascal GAREAU
- **CODE DE LA PROPRIÉTÉ INTELLECTUELLE –** Michel VIVANT et Jean-Louis NAVARRO
- **CODE DE LA SÉCURITÉ INTÉRIEURE** – Sous la direction d'Olivier GOHIN et Xavier LATOUR
- **CODE DE LA SÉCURITÉ SOCIALE** – Philippe COURSIER
- **CODE DE L'ÉNERGIE** – Sous la direction de Michel GUÉNAIRE
- **CODE DE L'ENTRÉE ET DU SÉJOUR DES ÉTRANGERS ET DU DROIT D'ASILE** – Vincent TCHEN
- **CODE DE L'ENVIRONNEMENT** – Sous la direction de Christian HUGLO et Corinne LEPAGE
- **CODE DE L'EXPROPRIATION** – René HOSTIOU
- **CODE DE L'URBANISME** – Bernard LAMORLETTE et Dominique MORENO
- **CODE DE PROCÉDURE ADMINISTRATIVE**
- **CODE DE PROCÉDURE CIVILE** – Sous la direction de Loïc CADIET

- **CODE DE PROCÉDURE PÉNALE** – Sous la direction de Philippe CONTE
- **CODE DES ASSURANCES** – Sous la direction de Bernard BEIGNIER et Jean-Michel DO CARMO SILVA
- **CODE DES DROITS DE L'HOMME ET DES LIBERTÉS FONDAMENTALES** – Joël ANDRIANTSIMBAZOVINA
- **CODE DES ENTREPRISES EN DIFFICULTÉ** – Sous la direction de Corinne SAINT-ALARY HOUIN
- **CODE DES PROCÉDURES CIVILES D'EXÉCUTION** – Loïs RASCHEL et Ludovic LAUVERGNAT
- **CODE DES SOCIÉTÉS ET AUTRES GROUPEMENTS** – Sous la direction de Florence DEBOISSY et Guillaume WICKER
- **CODE DU TRAVAIL** – Bernard TEYSSIÉ
- **CODE GÉNÉRAL DES IMPÔTS** – Préface de Maurice COZIAN (†)
- **CODE MONÉTAIRE ET FINANCIER** – Sous la direction de Didier MARTIN
- **CODE NOTARIAL** – Jean-François PILLEBOUT et Frédéric HÉBERT
- **CODE PÉNAL** – Sous la direction de David DECHENAUD
- **CODE RURAL ET DE LA PÊCHE MARITIME** – Sous la direction de Hubert BOSSE-PLATIÈRE

Photocomposition Nord Compo Multimédia
59650 Villeneuve d'Ascq

Achevé d'imprimer en juin 2019
dans les ateliers de Druckerei C.H.Beck à Nördlingen
Dépôt légal : juin 2019
Imprimé en Allemagne